北大版对外汉语教材·基础教程系列

风光汉语

中级读写 I

丛书主编　齐沪扬
丛书副主编　张新明　吴　颖
主　　编　王　励
编　　者　张新明　王　励　崔维真　朱　攀

图书在版编目（CIP）数据

风光汉语：中级读写Ⅰ/王励主编. —北京：北京大学出版社，2012.5
（北大版对外汉语教材·基础教程系列）

ISBN 978-7-301-20475-7

Ⅰ.①风… Ⅱ.①王… Ⅲ.①汉语-阅读教学-对外汉语教学-教材 ②汉语-写作-对外汉语教学-教材 Ⅳ.①H195.4

中国版本图书馆CIP数据核字（2012）第060829号

书　　　名：风光汉语：中级读写Ⅰ
著作责任者：王　励　主编
责 任 编 辑：刘　正
标 准 书 号：ISBN 978-7-301-20475-7/H·3035
出 版 发 行：北京大学出版社
地　　　址：北京市海淀区成府路205号　100871
网　　　址：http://www.pup.cn
电 子 信 箱：zpup@pup.pku.edu.cn
电　　　话：邮购部 62752015　发行部 62750672　出版部 62754962　编辑部 62753334
印 刷 者：三河市博文印刷厂
经 销 者：新华书店
　　　　　787毫米×1092毫米　16开本　11印张　280千字
　　　　　2012年5月第1版　2012年5月第1次印刷
定　　　价：35.00元（含MP3光盘一张）

未经许可，不得以任何方式复制或抄袭本书之部分或全部内容。
版权所有，侵权必究
举报电话：010-62752024　电子信箱：fd@pup.pku.edu.cn

前　言

随着社会经济的发展，旅游日益成为人们生活中密不可分的重要部分。世界各地和中国都有着丰富的旅游资源，来中国旅游的外国游客数量逐年递增，中国公民的境外游人数也以惊人的速度上升。据世界旅游组织预测，到2020年，中国将成为世界上第一大旅游目的地国和第四大客源输出国。这种不断发展的新态势，促使日益兴旺的对外汉语教学事业需要朝着多元化的方向发展：不仅要满足更多的外国人学习汉语的需要，而且还要培养出精通汉语，知晓中国文化，并能够用汉语从事旅游业工作的专门人才。大型对外汉语系列教材《风光汉语》，正是为顺应这一新态势而编写的。

上海师范大学对外汉语学院设有HSK（旅游）研发办公室。作为国家级重点项目"汉语水平考试（旅游）"的研发单位，依靠学院自身强大的学科优势与科研力量，经过详尽的调查分析与严密的科学论证，制定出"HSK［旅游］功能大纲"和"HSK［旅游］常用词语表"，为编写《风光汉语》奠定了重要的基础。而学院四十多年的对外汉语教育历史和丰富的教学经验，以及众多专家教授的理论指导和精心策划，更是这套教材得以遵循语言学习规律，体现科学性和适用性的根本保证。

上海师范大学对外汉语学院2005年将"对外汉语"申报成为上海市重点学科。在重点学科的建设过程中，我们深刻地认识到教材的编写与科学研究的支撑是分不开的。HSK（旅游）的研发为教材的编写提供了许多帮助，可以这么说，这套教材就是HSK（旅游）科研成果的转化形式。我们将这套教材列为重点学科中的科研项目，在编写过程中给予经费上的资助，从而使教材能够在规定的期限内得以完成。

从教材的规模上说，《风光汉语》是一套体系完整的对外汉语教材，共分

26 册。从教材的特点上说,主要体现在以下几个方面:

一、系统性

在纵向系列上,共分为六个等级:初级Ⅰ、初级Ⅱ;中级Ⅰ、中级Ⅱ;高级Ⅰ、高级Ⅱ。各等级在话题内容、语言范围和言语技能的编排顺序上,是螺旋式循序渐进提升的。

在横向系列上,各等级均配有相互协调的听、说、读、写等教材。在中、高级阶段,还配有中国社会生活、中国文化等教材。

因此,这套教材既可用作学历制教育本科生的主干教材,也适用于不同汉语学习层次的长期语言生。

二、功能性

教材以"情景—功能—结构—文化"作为编写原则,课文的编排体例以功能带结构,并注重词汇、语法、功能项目由浅入深的有序渐进。

此外,在着重培养学生汉语听、说、读、写的基本技能,以及基本言语交际技能的前提下,突出与旅游相关的情景表现(如景区游览、组织旅游、旅游活动、饭店实务等),并注重其相关功能意念的表达(如主客观的表述、旅游社交活动的表达、交际策略的运用等),努力做到语言训练与旅游实务的有机统一。

三、现代性

在课文内容的编写方面,注重在交际情景话题的基础上,融入现代旅游文化的内容。同时,较为具体地介绍中国社会的各个侧面、中国文化的主要表现与重要特征,以使教材更具创新性、趣味性、实用性和现代感。

四、有控性

教材力求做到词汇量、语法点、功能项目分布上的均衡协调、相互衔接,并制定出了各等级的词汇、语法和功能项目的范围与数量:

● 词汇范围

初级Ⅰ、Ⅱ以汉语词汇等级大纲的甲级词（1033个）、部分乙级词和HSK（旅游）初级词语表（1083个）为主，词汇总量控制在1500—2000个之间。

中级Ⅰ、Ⅱ以汉语词汇等级大纲的乙级词（2018个）、部分丙级词和HSK（旅游）中级词语表（1209个）为主，词汇总量（涵盖初级Ⅰ、Ⅱ）控制在3500—4000个之间。

高级Ⅰ、Ⅱ以汉语词汇等级大纲的丙级词（2202个）、部分丁级词和HSK（旅游）高级词语表（860个）为主，词汇总量（涵盖初级Ⅰ、Ⅱ和中级Ⅰ、Ⅱ）控制在5500—6000个之间。

● 语法范围

初级Ⅰ、Ⅱ以汉语语法等级大纲的甲级语法大纲（129项）为主。

中级Ⅰ、Ⅱ以汉语语法等级大纲的乙级语法大纲（123项）为主。

高级Ⅰ、Ⅱ以汉语语法等级大纲的丙级语法大纲（400点）为主。

● 功能范围

初级Ⅰ、Ⅱ以HSK（旅游）初级功能大纲（110项）为主。

中级Ⅰ、Ⅱ以HSK（旅游）中级功能大纲（127项）为主。

高级Ⅰ、Ⅱ以HSK（旅游）高级功能大纲（72项）为主。

此外，在语言技能的训练方面，各门课程虽各有侧重、各司其职，但在词汇、语法、功能的分布上却是相互匹配的。即听力课、口语课中的词汇、语法与功能项目范围，基本上都是围绕读写课（或阅读课）展开的。这样做，可有效地避免其他课程的教材中又出现不少新词语或新语法的问题，从而能在很大程度上减轻学生学习和记忆的负担。同时，这也保证了词汇、语法重现率的实现，并有利于学生精学多练。因此，这是一套既便于教师教学，也易于学生学习的系列性教材。

本教材在编写过程中，得到北京大学出版社的大力支持：沈浦娜老师为教材的策划、构架提出过许多中肯的意见，多位编辑老师在出版此教材的过程中，更是做了大量具体而细致的工作，在此谨致诚挚的谢意。这套教材在编写过程中，曾经面向学院师生征集过书名，说来也巧，当初以提出"风光汉语"中选并以此获奖的旷书文同学，被沈浦娜招至麾下，并成为她的得力干将，在这套教材出版联络过程中起到极大的作用。

最后要说明的是，本教材得到上海市人文社会科学重点研究基地的资助，基地编号：SJ0705。

丛书主编

编写说明

本书是继《风光汉语·初级读写Ⅰ》和《风光汉语·初级读写Ⅱ》编写的教材，适用于汉语词汇量在2000个左右，并且掌握了汉语基本语法项目的外国学习者。

本册教材在选材上，既有旅游活动类的内容，也有与当代中国社会生活密切相关的内容，以提高学习者学习汉语的兴趣，增强教学内容的实用性。我们希望通过教材中大量的读写训练，使学习者能在提高汉语阅读理解能力的同时，培养将理解性的语言知识转化为运用性语言技能的能力。

基于语言学习循序渐进的原则，本册教材在词汇、语法项的选编上，力求做到与《风光汉语·初级读写》相互衔接、有序扩展。具体范围与数量如下：

在词汇和语法项的选择上，《风光汉语·初级读写Ⅰ》和《风光汉语·初级读写Ⅱ》主要是以《汉语水平词汇与汉字等级大纲》和《汉语水平语法等级大纲》为依据，并以甲级词汇、语法和部分乙级词汇、语法为主。其中，在词汇方面，出现的甲级词为1000个左右、乙级词为1200个左右，共2200个左右。在语法方面，出现的甲级语法为115项左右、乙级语法为75项左右，共190项左右。

在此基础上，本册教材以基本学完上述大纲中甲、乙两级词汇和语法为主。在词汇上新增甲级词30个左右、乙级词770个左右，共800个左右。在语法上新增甲级语法15项左右、乙级语法45项左右，共60项左右。由此，学生在学习了本册教材后，在词汇上，能把甲级词（1033个）全部学完，并能把乙级词（2018个）中98%的词语学完。在语法上，则基本上能学完甲、乙两级语法（251项）。

同时，在本册教材中还有少量的丙级、丁级词汇，并补充、增加了《汉语国际教育用音节汉字词汇等级划分》中的一些词汇，学生学习后所掌握的词汇量可达 3000 个以上。

在体例的编排上，本册教材共为 16 课。每课的篇幅长度控制在 700 字左右，生词在 40 个左右。此外，在练习部分共设计了九种操练形式，以加强和巩固学生对所学词汇、语法等知识点的理解、掌握与熟练运用。

此外，本册教材在教学内容循序渐进、扩展深化的情况下，十分重视语言知识复现的频率，以防止学生遗忘，并能将获得的信息牢固地贮存在长时记忆中。由此，无论在新课的课文中，还是在各课的练习部分，我们都致力于做到不断重现学生已学的语言知识，并体现出较高的重现率。

在教学进度的安排上，建议平均 8 课时完成一课。其中，6 课时学习课文，2 课时做课文后的练习。按此进度，一个学期（通常实际教学时间约 16 周）可基本学完本册教材的 16 课。

本册教材的语料基本上选自近年来国内出版的各种报刊、书籍等，但为了适应教学的需要都作了较大程度的删改，特此说明，并向所有的原作者表示衷心的感谢。

本册教材虽已经过多次试用和修改，但可能还会存在疏漏与不足之处，谨请专家、同行及使用者提出宝贵意见。

编　者

目 录

第 一 课	"民族村"的发展	1
第 二 课	自驾车旅游	11
第 三 课	吃在广东	21
第 四 课	减肥计划	30
第 五 课	话说澳门	40
第 六 课	"梦咖啡"的梦想	50
第 七 课	利益与道德	59
第 八 课	箱子与桔子	69
第 九 课	精打细算	78
第 十 课	冬天的哈尔滨	88
第十一课	能不能穿睡衣出门	97
第十二课	理想和现实	107
第十三课	发生在情人节的"灾难"	117
第十四课	家庭财政 AA 制	126
第十五课	自己创造新生活	135
第十六课	节能减排的环保生活	145
生词总表		154

第一课

"民族村"的发展

 你知道吗?

1. 中国有多少个民族?
2. 什么叫"民族村"?

 课文　　　　Text

在中国西南的一个地区,有十几个少数民族。前几年,为了发展旅游事业,当地政府在那儿建造了一个"民族村"。这个村在一个城市的郊区,它占的土地面积相当大,差不多有2万亩左右,还有一个漂亮的人工湖。在村里,人们可以看到许多不同少数民族的建筑。村里还有一个传统文化展览馆,从馆里展出的上千张照片中,人们可以更深入地了解他们的风俗习惯,以及重大节日的活动。

"民族村"的门票曾经是50元一张,这个价格是比较贵的。

因此，当地的很多普通市民虽然想去，但是受经济条件的限制，只能望而却步。考虑到广大市民的经济条件，"民族村"决定把门票的价格降下来。从今年一月起，门票只要20元一张了。

村里的一位负责人告诉记者，自从降低门票价格以后，游客的数量大大增加了。目前，每天都会有许多游客来游览，日常游客量比以前增长了百分之五十，这是前所未有的。与此同时，游客的结构也发生了很大的变化：以前，游客大多来自外地；现在，三分之二以上的游客都是本地的市民了。

那位负责人还说，现在国内旅游市场的形势很好。因此，他们还会开发一些新的活动项目，以吸引更多的游客。在最近制订的方案中，有一项是开展夜间游览活动，门票定在10元，这个价格已经得到了物价部门的批准。他还告诉记者，以前是禁止游客把车开进村内的。现在，为了便于更多的游客来游览，他们取消了这个规定。并且，村里还要把一块空地改造成停车场，以便游客停车。目前，他们正在抓紧时间设计，下个月就将开始施工。

此外，针对不同游客的兴趣爱好，他们还打算开设酒吧一条街，并且请一些民间艺人来唱歌、跳舞、演戏。到那时，游客可以一边品尝少数民族的美酒、烧烤，一边欣赏民间艺人的表演。游客乐意的话，还可以跟他们一块儿表演节目。

第一课 "民族村"的发展

生词 New words

1. 事业	（名）	shìyè	国家应该重视教育事业。 我的老师是一个有事业心的人。
2. 政府	（名）	zhèngfǔ	每个国家都有政府。
3. 占	（动）	zhàn	这座房子占的土地面积不大。 在我们班，男生占30%。
4. 相当	（副）	xiāngdāng	他的汉语水平相当高。
5. 亩	（量）	mǔ	一亩地是666.7平方米。
6. 人工	（名）	réngōng	在这个城市里，有一条人工河。 这个包是人工做的。
7. 展览	（动）	zhǎnlǎn	我昨天去展览馆看中国文化展览了。 展览～（照片/图片/图书）
8. 展出	（动）	zhǎnchū	这次图书展览展出了很多新书。
9. 深入	（形）	shēnrù	我想深入了解中国文化。 深入～（学习/研究/讨论）
10. 重大	（形）	zhòngdà	中国的春节是一个重大的节日。 重大～（新闻/事故）
11. 曾经	（副）	céngjīng	我曾经学过英语，现在不学了。
12. 限制	（动）	xiànzhì	父母不要限制孩子的自由。 他的自由受父母的限制。
13. 望而却步	（成）	wàng'ér què bù	太贵的房价让市民望而却步。

14. 广大	（形）	guǎngdà	广大的青年学生都喜欢这本书。 广大～（市民/地区）
15. 降	（动）	jiàng	学费的价格降了，降低了很多。
16. 目前	（名）	mùqián	目前，那个公司发展得很好。
17. 增长	（动）	zēngzhǎng	多学习，可以增长知识。 （数量/人口/经济）～增长
18. 前所未有	（成）	qián suǒ wèi yǒu	现在城市人口的增长速度很快，这是前所未有的。
19. 与此同时		yǔ cǐ tóngshí	今天，这儿下了雨。与此同时，温度也降下来了。
20. 结构	（名）	jiégòu	汉语的语法结构比较复杂。 （房屋/学生）～结构
21. 来自	（动）	láizì	我来自北京，他来自广东。
22. 以上	（名）	yǐshàng	他们班的人数在二十人以上。
23. 形势	（名）	xíngshì	目前，中国的经济形势很好。
24. 开发	（动）	kāifā	这个公司想开发一种新产品。
25. 制订	（动）	zhìdìng	在开发新产品时，要制订计划。
26. 方案	（名）	fāng'àn	上课前，老师要制订教学方案。
27. 开展	（动）	kāizhǎn	学校要多开展学生活动。 这个活动的开展很顺利。
28. 物价	（名）	wùjià	那个城市的物价比较高。
29. 批准	（动）	pīzhǔn	老板批准了我制订的方案。 批准～（计划/请求）

30.	便于	（动）	biànyú	为了便于打电话，我买了手机。
31.	规定	（动）	guīdìng	父母规定他一天要看两本书。
		（名）		医院里禁止吸烟，这是规定。
32.	改造	（动）	gǎizào	市政府要改造这里的旧房子。
33.	抓紧	（动）	zhuājǐn	学生应该抓紧时间学习。
34.	将	（副）	jiāng	明天，他将去北京游览。
35.	设计	（动）	shèjì	他设计了一件衣服。
36.	施工		shī gōng	我设计的房子明天开始施工。
37.	针对	（动）	zhēnduì	老师针对学生的水平设计教案。
38.	开设	（动）	kāishè	政府将在这儿开设一家医院。
				开设～（酒吧/饭店/课程）
39.	民间	（名）	mínjiān	他是民间艺人。
				民间～（艺术/风俗）
40.	乐意	（动）	lèyì	我很乐意帮助别人。
41.	一块儿	（副）	yíkuàir	明天，我和他一块儿去公园。

一、根据课文内容回答下列问题

1. 在西南的一个地区，当地政府为什么要建造"民族村"？
2. 在"民族村"里，人们可以看到什么？
3. "民族村"为什么降低了门票的价格？

4. 现在,"民族村"的游客数量和结构发生了什么变化?
5. 目前,"民族村"为什么要开发一些新的项目?
6. 最近,"民族村"制订的一项方案是什么?
7. 为了便于游客来游览,"民族村"有哪些新的做法?
8. 针对不同游客的兴趣爱好,"民族村"还打算做什么?

二、读句子

1. 这个村占的土地面积相当大,差不多有2万亩左右。
2. 从今年一月起,门票的价格降下来了,降到了20元一张。
3. 自从降低门票价格以后,游客的数量大大增加了。
4. 目前,日常游客量比以前增长了百分之五十。
5. 以前,游客大多来自外地;现在,三分之二以上的游客都是本地的市民。
6. 他们还会开发一些新的活动项目,以吸引更多的游客。
7. 在最近制订的方案中,有一项是开展夜间游览活动。
8. 村里要把一块空地改造成停车场,以便游客停车。
9. 针对不同游客的兴趣爱好,他们打算开设酒吧一条街。

三、选词填空

第一组:A. 展出 B. 便于 C. 限制 D. 增长 E. 制订

1. 目前,我们公司正在(　　)明年的销售方案。
2. 父母应该(　　)孩子看电视的时间,以保护孩子的眼睛。
3. 为了(　　)查生词,我买了一本《现代汉语词典》。
4. 在这次工业展览会上,(　　)了许多新的工业设备。

第一课 "民族村"的发展

5. 最近几年,使用手机的人数（　　）得相当快。

第二组:A. 批准　B. 乐意　C. 开发　D. 降　E. 深入
1. 现在你别买房子,等房价（　　）下来后再去买吧。
2. 要不要降低这些服装的价格,我们要（　　）讨论后再决定。
3. 学校想展出那个男生画的画儿,但是他不（　　）。
4. 现在工作这么忙,他向老板提出请假,老板肯定不会（　　）的。
5. 目前,这个电脑公司正计划（　　）一种新的软件。

第三组:A. 广大　B. 施工　C. 针对　D. 设计　E. 开展
1. 他（　　）的那个冰箱广告很吸引人。
2. 在那个国家,（　　）农村地区的经济还不太发达。
3. 现在,全民健身活动已经在全国（　　）起来了。
4. 医生给病人看病,要（　　）病人的病情开药。
5. 因为明天会下大雨,所以这座房子要后天才能开始（　　）。

四、辨析括号里的词,选择合适的词填空

1. 他突然放弃了目前的好（　　）,去国外留学了。（工作/事业）
2. 在那条高速公路上,常常发生（　　）的交通事故。（重大/广大）
3. 去年,中级班的学生是50个,今年（　　）了30个。（增加/增长）
4. 明年,市政府将在这个地区（　　）一所新的学校。（开设/开发）
5. 现在,这个学校正在（　　）旧的教学楼。（改造/建造）

五、判断指定的词语应该放在哪个位置

1. 他每天都A抓紧时间学习,所以他的汉语水平B提高了C。（大大）
2. 学校A组织的这次活动,校长、B老师C学生都参加了。（以及）

3. 我 A 要去那个地区，B 深入地 C 了解那儿的风俗习惯。（以）
4. 你 A 去外地时，B 可以带一台笔记本电脑，C 跟朋友联系。（以便）
5. 下个月，那个公园 A 开展 B 夜间 C 游览活动。（将）

六、选择最接近画线词语意思的一种解释

1. 那个展览馆里展出了很多中国画儿，都画得<u>相当</u>好。
   A. 非常　　　　B. 比较　　　　C. 不太
2. 今天下午，我们要讨论他制订的施工<u>方案</u>。
   A. 方法　　　　B. 计划　　　　B. 方面
3. 他说汉语说得相当好，<u>差不多</u>跟中国人一样。
   A. 差点儿　　　B. 差别　　　　C. 几乎
4. 以前，这个商店销售的商品大多来<u>自</u>国外。
   A. 从　　　　　B. 在　　　　　C. 往
5. 游客<u>乐意</u>的话，还可以跟民间艺人一块儿表演节目。
   A. 快乐　　　　B. 愿意　　　　C. 满意

七、用指定词语完成对话

1. A：现在，你们国家的经济怎么样？（发展）
   B：＿＿＿＿＿＿＿＿＿＿＿＿＿＿＿＿＿＿＿＿＿＿＿＿

2. A：在你住的地方，人口大概是多少？（左右）
   B：＿＿＿＿＿＿＿＿＿＿＿＿＿＿＿＿＿＿＿＿＿＿＿＿

3. A：现在，学校给你们开设的课程有哪些？（以及）
   B：＿＿＿＿＿＿＿＿＿＿＿＿＿＿＿＿＿＿＿＿＿＿＿＿

4. A：听说你就要结婚了，已经买了房子吗？（受……的限制）
   B：还没有。因为＿＿＿＿＿＿＿＿＿＿＿＿＿＿＿＿＿＿

第一课 "民族村"的发展

5. A：从什么时候起，你就学会用电脑了？（自从……以后）
   B：＿＿＿＿＿＿＿＿＿＿＿＿＿＿＿＿＿＿＿＿＿＿＿

6. A：你昨天看的那个中国文化展览有意思吗？（从……中）
   B：很有意思。＿＿＿＿＿＿＿＿＿＿＿＿＿＿＿＿＿

7. A：今后，你想研究什么方面的问题？（深入）
   B：＿＿＿＿＿＿＿＿＿＿＿＿＿＿＿＿＿＿＿＿＿＿＿

8. A：听说你们那儿要建造一座大桥，什么时候开始施工？（将）
   B：＿＿＿＿＿＿＿＿＿＿＿＿＿＿＿＿＿＿＿＿＿＿＿

9. A：你们公司要开发新的产品，就应该考虑顾客的需求。（针对）
   B：你说得对。我们应该＿＿＿＿＿＿＿＿＿＿＿＿＿＿

10. A：现在，你的汉语词汇量大概是多少？（差不多）
    B：＿＿＿＿＿＿＿＿＿＿＿＿＿＿＿＿＿＿＿＿＿＿＿

八、用指定词语完成句子

1. ＿＿＿＿＿＿＿＿＿＿＿＿＿＿＿＿，我每天都锻炼身体。（为了……）
2. 我想多跟中国人接触，＿＿＿＿＿＿＿＿＿＿＿＿＿＿。（以）
3. 每个学生都必须参加期末考试，＿＿＿＿＿＿＿＿＿＿。（规定）
4. 我想买一台洗衣机，以＿＿＿＿＿＿＿＿＿＿＿＿＿＿。（便于）
5. 现在，饭店里也禁止吸烟了，＿＿＿＿＿＿＿＿＿＿。（前所未有）
6. 我来中国留学要花很多钱，所以＿＿＿＿＿＿＿＿＿＿。（抓紧）
7. 你应该每天来上课，＿＿＿＿＿＿＿＿＿＿＿＿＿＿。（与此同时）
8. ＿＿＿＿＿＿＿＿＿＿＿＿＿＿，但是后来他俩分手了。（曾经）
9. 学习了中国历史课后，我们都＿＿＿＿＿＿＿＿＿＿。（增长）
10. 在一些重大的节日，＿＿＿＿＿＿＿＿＿＿＿＿＿＿。（开展）

九、用指定词语写一段话

介绍你参观过的一个地方（展览馆/博物馆等）。要求：

第一段：说明这个地方的土地面积、建筑等，并尽量使用以下词语：

    为了   事业   占   差不多   左右   设计

第二段：说明在这个地方可以了解什么，并尽量使用以下词语：

    展出   广大   深入   重大   与此同时

第三段：说明参观者的情况，并尽量使用以下词语：

    来自   数量   增长   结构   ……分之……   以上

第四段：说明你的建议，并尽量使用以下词语：

    针对   开发   开设   制订   以   以便   便于

第二课　自驾车旅游

1. 旅游的形式有哪些？
2. 自驾游的特点是什么？

所谓"自驾车旅游"，就是自己驾驶汽车去旅游。这种旅游形式出现于上世纪，最早是在美国出现的。近年来，随着中国经济的发展，老百姓的收入也逐步增加了。于是，许多人买上了属于自己的私人汽车。这样一来，自驾游就逐渐在中国流行起来，并越来越成为广大有车族的最爱。

对于车手来说，自驾游最大的优点就是自由，可以不受什么限制。车手可以自己设计旅游的路线，灵活地安排旅游的日程。因此，现在每逢节假日，都有很多人自己开车去游山玩水，享受自驾游的乐趣。如果天气好的话，还可以开到有草地的地方，在草地上铺上一块布,躺在上面晒太阳,或休息一会儿。

随着自驾游的人数一天比一天多,一些旅行社也开始组织这项活动了。但是旅行社在开展这项活动时,也会给自己增添不少麻烦和成本。比如,为了保证安全,出发前既要检查每辆车的车况,又要考察旅途的道路状况,还要了解沿途的气象情况。如果匆忙上路,万一汽车发生故障,或遭遇意外的危险,那就糟糕了。特别是去山区,以及广阔的沙漠或草原,由于道路没有一般的公路那么好,更得做好充分的准备。由此可见,这样做既要花费不少工夫,又会增加成本。

此外,自驾游还存在几个问题:一是如果路途十分远,那么长时间开车的话,司机就很容易疲倦,还可能因为疲倦而发生事故;二是去外地的话,还要付不少过路费、汽油费,如果车上的人比较少,那就不太合算;三是如果车手缺乏良好的驾驶技术,那么遇到难开的道路时,就可能很难对付,或无法继续前进。

虽然自驾游存在着种种问题,但是只要针对不同的情况,做好充分的准备,并具有"安全第一"的意识,那么旅行就会很顺利,很平安,玩儿得也会很痛快。

生词 New words

1. 驾驶 (动) jiàshǐ 他会驾驶汽车。

    驾驶～(飞机/轮船)

2. 形式 (名) xíngshì 艺术的形式有很多种。

第二课　自驾车旅游

3. 世纪　（名）　shìjì　　　现在是二十一世纪。

4. 收入　（名）　shōurù　　他每个月的收入是三千元。

5. 逐步　（副）　zhúbù　　现在，我的收入逐步提高了。

   逐步～（降低/增加/减少）

6. 属于　（动）　shǔyú　　这些土地是属于国家的。

7. 私人　（名）　sīrén　　这辆车是私人的，是私人汽车。

8. 成为　（动）　chéngwéi　我想成为一名教师。

9. 优点　（名）　yōudiǎn　他的优点是学习很努力。

10. 灵活　（形）　línghuó　他打篮球时的动作很快，很灵活。

11. 日程　（名）　rìchéng　自驾游可以灵活地安排日程。

12. 逢　（动）　féng　　每逢周末，他都去父母家。

13. 乐趣　（名）　lèqù　　他觉得做这件事很有乐趣。

14. 铺　（动）　pū　　　他在桌子上铺了一块桌布。

    铺～（地毯/床单/路）

15. 增添　（动）　zēngtiān　我不想给他增添麻烦。

    增添～（衣服/人员/乐趣）

16. 成本　（名）　chéngběn　这本书成本是三元，可要卖九元。

17. 保证　（动）　bǎozhèng　旅行社要保证游客的安全。

    他向我保证，一定会努力学习的。

18. 考察　（动）　kǎochá　明天，市长要来考察我们工厂。

19. 状况　（名）　zhuàngkuàng　现在，他的身体状况很好。

    (经济/生活/精神)～状况

20. 气象　（名）　qìxiàng　我不了解那个地方的气象情况。

21. 匆忙	（形）	cōngmáng	他有急事，一下班就匆忙回家了。
22. 万一	（连）	wànyī	你带上雨伞吧，万一下雨可以用。
23. 遭遇	（动）	zāoyù	开快车，可能会遭遇危险。
24. 山区	（名）	shānqū	我住的地方是山区。
25. 广阔	（形）	guǎngkuò	天空是很广阔的。
			中国是一个国土广阔的国家。
26. 沙漠	（名）	shāmò	那儿有广阔的沙漠。
27. 草原	（名）	cǎoyuán	我想去广阔的草原骑马。
28. 由此可见		yóu cǐ kě jiàn	每天他都抓紧时间学习。
			由此可见，他相当努力。
29. 花费	（动）	huāfèi	他每个月的花费很大。
			花费～（钱/时间/精力）
30. 工夫	（名）	gōngfu	做这件事要花费很多工夫。
			A：你等了我多大工夫？
			B：我等了你不大一会儿工夫。
31. 司机	（名）	sījī	他是驾驶汽车的司机。
32. 疲倦	（形）	píjuàn	我感到很疲倦，要休息一下。
33. 费	（名）	fèi	大城市生活费很高。
34. 汽油	（名）	qìyóu	汽车要用汽油。
35. 合算	（形）	hésuàn	打折的时候买东西很合算。
36. 良好	（形）	liánghǎo	这次考试，他取得了良好的成绩。
37. 技术	（名）	jìshù	这个驾驶员开车的技术很好。

38. 对付	（动）	duìfu	这次考试很重要，你要认真对付。
			在山区开车很难，但是我能对付。
39. 前进	（动）	qiánjìn	汽油用完后，汽车就不能前进了。
40. 具有	（动）	jùyǒu	自驾游具有很多优点。
			具有～（特点/乐趣）
41. 意识	（名）	yìshi	开车时，司机要具有安全意识。
			他已经意识到自己错了。
42. 平安	（形）	píng'ān	祝你一路平安！
43. 痛快	（形）	tòngkuai	我们玩儿得很痛快，吃得也很痛快。

练习 Exercises

一、根据课文内容回答下列问题

1. 自驾游这种形式是什么时候出现的？
2. 近年来，自驾游为什么会在中国流行起来？
3. 自驾游最大的优点是什么？
4. 什么时候很多人会去自驾游？
5. 为什么旅行社也开始组织自驾游了？
6. 自驾游出发前，旅行社要做哪些工作？
7. 自驾游很自由，但是存在哪些问题？
8. 要使自驾游顺利和平安，应该怎么做？

二、读句子

1. 所谓"自驾车旅游",就是自己驾驶汽车去旅游。
2. 自驾车旅游出现于上世纪,最早是在美国出现的。
3. 近年来,随着中国经济的发展,老百姓的收入也逐步增加了。
4. 许多人买上了属于自己的私人汽车。
5. 对于车手来说,自驾游最大的优点就是自由。
6. 随着自驾游的人数一天比一天多,一些旅行社也开始组织这项活动了。
7. 沙漠里的道路没有一般的公路那么好。
8. 司机可能因为疲倦而发生事故。
9. 虽然自驾游存在着种种问题,但只要做好充分的准备,就会玩儿得很痛快。

三、选词填空

第一组: A. 考察 B. 属于 C. 成为 D. 铺 E. 遭遇

1. 随着上网的人越来越多,网上购物已经(   )年轻人的最爱。
2. 为了便于汽车开进这个地方,工人们正忙着(   )路。
3. 你们公司在开发新的洗衣机前,一定要先(   )市场。
4. 在设计这种新产品的过程中,他们曾经(   )了上百次的困难。
5. 每个国家都有(   )自己的文化。

第二组: A. 花费 B. 对付 C. 具有 D. 检查 E. 缺乏

1. 我不太了解中国文化,还(   )这方面的知识。
2. 他去医院(   )身体时,医生告诉他应该经常运动。
3. 你放心吧,我已经做好了充分的准备,可以(   )这次考试。

4. 参加足球比赛时，我们应该（　　）"友谊第一"的意识。

5. 为了给你挑选生日礼物，他差不多（　　）了一个星期左右的时间。

第三组：A. 灵活　B. 匆忙　C. 合算　D. 良好　E. 痛快

1. 他的头脑非常（　　），遇到问题时会想出很多办法。

2. 我们需要（　　）的生活环境，以及更好的学习环境。

3. 他因为要去赶火车，只吃了几口饭就（　　）走了。

4. 去那儿的路很远，坐地铁比坐出租车（　　），我们坐地铁去吧。

5. 为了庆祝毕业，他们一起唱歌、跳舞，玩儿得很（　　）。

四、辨析括号里的词，选择合适的词填空

1. 他们有了孩子后，家庭中（　　）了不少乐趣。（增添/增长）

2. 一般来说，汽车越大，就越（　　）汽油。（费/花费）

3. 在这个季节，到了晚上六七点钟，天就（　　）黑了。（逐渐/逐步）

4. 最近，他由于缺乏休息，所以精神（　　）不太好。（状况/情况）

5. 司机都要具有（　　）的意识。（平安/安全）

五、判断指定的词语应该放在哪个位置

1. 这里 A 展出的 B 照片都是 C 那个展览馆的。（属于）

2. 听说，他喜欢 A 了 B 自驾车 C 旅游。（上）

3. A 修建 B 上世纪的这座大楼，占地 C 十亩左右。（于）

4. A 游客人数的增长，B 游客的结构也 C 发生了变化。（随着）

5. 自从 A 降低门票价格后，B 游客的数量 C 增加了。（逐渐）

六、选择最接近画线词语意思的一种解释

1. 去年，上千个孩子出生<u>于</u>北京的这家医院。
   A. 给　　　　B. 在　　　　C. 对

2. <u>驾驶</u>汽车时，一定不能喝酒，以便保证安全。
   A. 上　　　　B. 坐　　　　C. 开

3. 中国有一句话说：每<u>逢</u>佳节倍思亲。
   A. 到　　　　B. 来　　　　C. 见

4. 我们要享受生活给我们带来的<u>乐趣</u>。
   A. 兴趣　　　B. 乐意　　　C. 快乐

5. 每个人都应该具有环境保护的<u>意识</u>。
   A. 认识　　　B. 意思　　　C. 注意

七、用指定词语完成对话

1. A：你出门时，怎么忘了把电灯关了？（匆忙）
   B：因为我出门时 _____

2. A：一些普通市民想买房子，但为什么望而却步呢？（对于……来说）
   B：这是因为 _____

3. A：他学汉语学了一年了，现在他的汉语水平怎么样？（逐步）
   B：_____

4. A：现在的天气状况跟以前一样不一样？（一年比一年……）
   B：不一样了。现在 _____

5. A：这辆汽车驾驶起来很灵活，是你们公司的产品吗？（设计）
   B：_____

6. A：我们开车去沙漠的话，会遭到意外的危险吗？（保证）
   B：你放心吧，我可以 _____

第二课　自驾车旅游

7. A：什么叫"绿色蔬菜"？（所谓）
   B：_____

8. A：你认为我的方案好，还是他的方案好？（A 没有 B 这么/那么……）
   B：我认为 _____

9. A：你觉得自驾游有哪些好处？（既……，又……）
   B：我觉得，自驾游 _____

10. A：为了安排好旅行日程，他花费了不少工夫吗？（因为……而……）
    B：是的。他 _____

八、用指定词语完成句子

1. 那个公司的工作时间很自由，职员可以_____。（灵活）
2. _____，去国外旅游的人也越来越多了。（随着）
3. 如果你感到疲倦就别开车，_____。（万一）
4. 这些考试题目有一点儿难，_____。（对付）
5. 我觉得，汉语的语法结构形式，_____都比较难。（以及）
6. 他把这么多的菜都吃掉了，_____。（由此可见）
7. 你很聪明，_____。（只要……就……）
8. 他每天都抓紧时间学习，_____。（这样一来）
9. 这儿的冬天太冷了，我带的衣服不多，_____。（增添）
10. 他说的英语存在几个问题，_____。（一是……，二是……）

九、用指定词语写一段话

介绍一种旅游形式（背包旅游/徒步游/骑车旅游）。要求：

第一段：说明这种旅游形式为什么会流行，并尽量使用以下词语：

　　所谓　　随着　　逐步　　这样一来　　成为

第二段：说明这种旅游形式的优点，并尽量使用以下词语：
    对……来说　　设计　　灵活　　合算　　享受

第三段：说明这种旅游形式存在的问题，并尽量使用以下词语：
    一是……，二是……，三是……　　增添　　花费
    A没有B那么……　　万一　　因为……而……

第四段：说明采用这种旅游形式时应该怎么做，并尽量使用以下词语：
    充分　　具有　　意识　　匆忙　　考察　　保证　　对付

第三课

吃在广东

你知道吗?

1. 广东人敢吃什么?
2. 怎样区别"青蛙"和"癫蛤蟆"?

课文　　　Text

据说,广东人没有不喜欢吃的。而且,无论是空中飞的鸟,河里游的鱼,还是地上生长的植物,树林里跑的动物,他们几乎没有什么生物不敢吃。自上个月去了一趟广东后,我才晓得这的确是真实的。

到了广东的第二天,我的广东朋友阿华说:"今天,我带你去一个地方吃一顿。那个地方在乡下,是一个新开辟出来的度假村。那里的菜味道极好,而且价钱也极便宜,是个不能不去的地方。我保证,你吃了以后准会满意的。"老实说,我不像"美食家"那么喜欢吃,但是,在他的动员下,我还是决定去一次。

那天中午，我就同阿华一道坐车去了。到了那儿后，阿华领我去了一家盖在河边的饭店。我一踏进饭店，就看到店里有很多顾客，生意相当好。不少人围着桌子边吃菜边喝酒，还不住地敬酒、碰杯，气氛相当好。

我们刚坐下来，三十岁上下的老板就端来了一壶茶。我掀起壶盖闻了一下，觉得这茶挺香的。然后，老板又拿来了菜单，让阿华点菜。可是，他们说的是广东话，我一点儿也听不懂。阿华点好菜后，不一会儿，服务员就端来了一盆菜，放在我们的面前。从形状上看，我看不出来这是什么菜。阿华说这是"青蛙"，是这里的特色菜。当时，我没多想就尝了一块，觉得味道确实好极了。阿华说，接着还要吃其他品种的"青蛙"呢。客随主便，主人点什么，我就吃什么吧。

我们接二连三地吃了几个品种的"青蛙"后，阿华问我："你有什么异常的感觉吗？"我说："没有啊！"可他还是不住地问我，这让我感到莫名其妙。然后，他边笑边把真相告诉了我。原来，刚才我吃的竟然是"癞蛤蟆"！我大吃一惊，真没想到，阿华"欺骗"了我，让我"上当"了！不管怎样，这充分表明，在吃的方面，广东人的确是什么都敢吃，我真的很佩服他们的勇气。

生词 New words

1. 空中　　（名）　　kōngzhōng　　飞机在空中飞行。
2. 生长　　（动）　　shēngzhǎng　　春天，树和草开始生长。
　　　　　　　　　　　　　　　　他生长在一个工人家庭。

第三课　吃在广东

3.	植物	（名）	zhíwù	树和草都属于植物。
4.	树林	（名）	shùlín	树林里生长着很多种植物。
5.	生物	（名）	shēngwù	动物、植物都属于生物。
6.	晓得	（动）	xiǎode	我不晓得这个汉字的意思。
7.	真实	（形）	zhēnshí	他说的事情是真实的。
				真实的～（情况/想法/原因）
8.	乡下	（名）	xiāngxià	乡下的空气很新鲜。
9.	开辟	（动）	kāipì	这是一条新开辟的路。
				开辟～（航线/市场）
10.	极	（副）	jí	最近，这儿的天气极好。
11.	准	（副）	zhǔn	明天，他准会来的。
12.	老实	（形）	lǎoshi	他很老实，从来不说假话。
				老实说，我不太喜欢运动。
13.	动员	（动）	dòngyuán	老师动员学生参加运动会。
				在他的动员下，我参加了运动会。
14.	一道	（副）	yídào	明天，我同他一道去西安旅游。
15.	领	（动）	lǐng	昨天，导游领我们参观了博物馆。
16.	盖	（动）	gài	那个地方盖了很多新房子。
				盖～（楼/宿舍）
17.	踏	（动）	tà	上课了，老师踏进了教室。
				大学毕业后，他踏上了工作岗位。
18.	生意	（名）	shēngyi	这家商店的生意极好。
				那家商店的老板很会做生意。
19.	围	（动）	wéi	学生们围着老师，问了很多问题。

20. 不住	（副）	búzhù		她心里很难过，不住地哭。
21. 敬	（动）	jìng		吃饭的时候，我向他敬酒。
				敬～（茶/烟）
22. 碰	（动）	pèng		在马路上，我碰到了一个朋友。
				A 跟 B 碰面（碰头/碰杯）
23. 壶	（量）	hú		他端来一壶茶。
				一壶～（水/酒）
24. 掀	（动）	xiān		他掀开壶盖，看了看壶里的茶。
25. 盆	（量）	pén		桌子上有一盆菜。
				*一盆～（水/水果）
26. 面前	（名）	miànqián		走出大山后，面前是一条小河。
				他在女孩子面前很害羞。
27. 形状	（名）	xíngzhuàng		商店里有各种形状的旅行包。
28. 青蛙	（名）	qīngwā		青蛙是一种动物。
29. 接着	（连）	jiēzhe		我们先学词语，接着再学课文。
				我有事先走了。接着，他也走了。
30. 品种	（名）	pǐnzhǒng		中国的茶有很多品种。
31. 接二连三	（成）	jiē èr lián sān		他接二连三地问了我几个问题。
32. 异常	（形）	yìcháng		最近天气不正常，很异常。
33. 莫名其妙	（成）	mò míng qí miào		她一到家就哭，我感到莫名其妙。
34. 真相	（名）	zhēnxiàng		事情的真相跟他说的不一样。
35. 竟然	（副）	jìngrán		他从不吸烟，可今天竟然吸烟了。
				我没打他，可他竟然说我打了他。
36. 癞蛤蟆	（名）	làiháma		癞蛤蟆跟青蛙的颜色不一样。

37. 欺骗	（动）	qīpiàn	商店不能欺骗顾客。
38. 上当		shàng dàng	他常常骗人，你要小心上当。
			他说的不是真的，你别上他的当。
39. 表明	（动）	biǎomíng	爱不爱她，你应表明自己的想法。
			他骗了我，这表明他不是老实人。
			表明～（看法/观点/态度）
40. 佩服	（动）	pèifu	他什么困难都不怕，我很佩服他。
41. 勇气	（名）	yǒngqì	他不怕困难，是个有勇气的人。

练习 Exercises

一、根据课文内容回答下列问题

1. 在吃的方面，广东人有什么特点？
2. 阿华为什么带"我"去那个度假村？
3. "我"一踏进饭店，就看到了什么？
4. "我"为什么不知道服务员端来的是什么菜？
5. 这个饭店的特色菜是什么？味道怎么样？
6. 阿华问"我"吃了后有什么感觉，"我"感到怎么样？
7. 阿华告诉"我"真相后，"我"为什么很吃惊？
8. "我"佩服的是什么？

二、读句子

1. 据说，广东人没有不喜欢吃的。

2. 自上个月去了一趟广东后,我才晓得这的确是真实的。

3. 我保证,你吃了以后准会满意的。

4. 老实说,我不像"美食家"那么喜欢吃。

5. 在他的动员下,我还是决定去一次。

6. 我们刚坐下来,三十岁上下的老板就端来了一壶茶。

7. 从形状上看,我看不出来这是什么菜。

8. 阿华说,接着还要吃其他品种的"青蛙"呢。

9. 我们接二连三地吃了几个品种的"青蛙"。

三、选词填空

第一组:A. 佩服 B. 开辟 C. 动员 D. 领 E. 表明

1. 我非常(　　)爸爸,因为他能对付任何困难。
2. 他会不会同意这个方案呢?大家都希望他(　　)自己的态度。
3. 为了销售出更多的电脑,这家公司准备逐步(　　)新的市场。
4. 我们一进门,服务员就热情地把我们(　　)上了二楼。
5. 朋友们都(　　)我买一辆私家车,以便于上下班。

第二组:A. 不住 B. 生长 C. 上当 D. 欺骗 E. 大吃一惊

1. 他上个星期刚谈恋爱,可明天就要结婚了,这让所有的人都(　　)。
2. 这件衣服价钱很贵,可是质量很差,你买了肯定会(　　)。
3. 在这些植物中,有三分之二的植物能在沙漠里(　　)。
4. 昨天吃饭时,他(　　)地向我敬酒,所以我喝醉了。
5. 没想到,那个店老板为了赚钱,竟然(　　)了我。

第三组:A. 真实 B. 老实 C. 异常 D. 莫名其妙 E. 接二连三

1. (　　)说,我虽然已经学会了开车,但是还缺乏良好的驾驶技术。

第三课　吃在广东

2. 他说："听说你病了。"这让我感到（　　），我的身体很好啊！
3. 今天，在那条公路上，（　　）地发生了好几起交通事故。
4. 最近，他对我的态度有些（　　），好像不太乐意跟我说话了。
5. 他说现在汽车市场的形势很好，这的确是（　　）的。

四、辨析括号里的词，选择合适的词填空

1. 这里禁止停车，我们（　　）往前开吧。（接着/不住）
2. 他在比赛中得了第一名，我们都向他（　　）祝贺。（表明/表示）
3. 我不（　　）物价部门会不会批准我们定的价格。（晓得/明白）
4. 从这里走到度假村，大约需要20分钟（　　）。（上下/左右）
5. 今天，那几条河里的鱼都死了，太（　　）了！（特别/异常）

五、判断指定的词语应该放在哪个位置

1. 他相当 A 喜欢踢足球，而且 B 动作 C 灵活。（极）
2. 自驾游去那个草原 A 的成本 B 大概在一千元 C。（上下）
3. 这些车手都很有勇气，A 没有什么 B 路 C 不敢开。（几乎）
4. A 要开这么 B 危险的山路，C 让普通的车手望而却步。（不能不）
5. 他刚到家 A 几分钟，可 B 一会儿，他就匆忙 C 走了。（不）

六、选择最接近画线词语意思的一种解释

1. <u>自</u>上个月起，民族村取消了村内不能停车的规定。
　　A. 从　　　　B. 到　　　　C. 在
2. 你设计的方案相当好，我<u>保证</u>他们看了后准会满意的。
　　A. 准确　　　B. 一定　　　C. 的确

3. 自驾游前，车手<u>不能不</u>做好充分的准备。
   A. 能够　　　　B. 不可以　　　　C. 必须

4. 明年暑假，我想<u>领</u>孩子去广阔的草原看看。
   A. 带　　　　　B. 请　　　　　　C. 让

5. 那是一个新<u>开辟</u>出来的度假村。
   A. 开始　　　　B. 发展　　　　　C. 开发

七、用指定词语完成对话

1. A：自驾游这种形式出现于什么时候？（据说）
   B：＿＿＿＿＿＿＿＿＿＿＿＿＿＿＿＿＿＿

2. A：你们都喜欢那家新开设的酒吧吗？（没有……不……）
   B：当然，＿＿＿＿＿＿＿＿＿＿＿＿＿＿

3. A：那个公园降低了门票价格后，游客大大增加了吗？（自……后）
   B：是的。＿＿＿＿＿＿＿＿＿＿＿＿＿＿

4. A：你对中国文化有深入的研究吗？（老实说）
   B：＿＿＿＿＿＿＿＿＿＿＿＿＿＿＿＿＿＿

5. A：我觉得，他开车时的安全意识不太强。（极……）
   B：他的安全意识不是不太强，而是＿＿＿＿＿＿

6. A：这家店的生意跟那家店一样好吗？（A不像B那么……）
   B：＿＿＿＿＿＿＿＿＿＿＿＿＿＿＿＿＿＿

7. A：你觉得买这件衣服合算吗？（从……上看）
   B：＿＿＿＿＿＿＿＿＿＿＿＿＿＿＿＿＿＿

8. A：你猜，我家有多少品种的茶？（V+不出来）
   B：＿＿＿＿＿＿＿＿＿＿＿＿＿＿＿＿＿＿

9. A：你为什么也决定去草原？是王华动员你去的吗？（在……下）
   B：是的。＿＿＿＿＿＿＿＿＿＿＿＿＿＿

10. A：这辆车的车况太差了，去山区的话，会发生故障的。（准……）
    B：没错，＿＿＿＿＿＿＿＿＿＿＿＿＿＿

八、用指定词语完成句子

1. 客随主便，_____，我都吃的。（无论……）
2. 因为受经济条件的限制，我买东西时_____。（不能不）
3. 为了考察中国的风俗习惯，最近他_____。（接二连三）
4. 他比你年轻一点儿，大概在_____。（上下）
5. 民族村已经开发了一些活动项目，_____。（接着）
6. 现在老百姓的收入逐步增加了，这_____。（表明）
7. 你随便吃吧，_____。（想Ｖ什么，就Ｖ什么）
8. 天气预报说今天是晴天，可是_____，我上当了！（竟然）
9. 万一病人_____，请马上告诉医生。（异常）
10. 看电视的时候，他总是_____。（不住）

九、用指定词语写一段话

介绍你喜欢的一种美食。要求：

第一段：说明这种食物是什么，并尽量使用以下词语：

   植物 动物 生长 没有……不……

第二段：说明这种食物价钱和味道等，并尽量使用以下词语：

   极+形容词 像……这么/那么…… 老实说 保证 准

第三段：说明你某次吃这种食物的经历，并尽量使用以下词语：

   踏 端 掀 面前 形状 接着 接二连三

   不住 竟然 表明

第四课

减肥计划

1. 现在有哪些减肥的方法？
2. 不适当的减肥会怎么样？

当前，减肥已经成为一种十分流行的现象。上个月，李小芳也瞒着男朋友，悄悄地开始减肥了。为了早日减肥，她的原则是：坚决不吃荤，只吃素，并限制自己每天只吃一顿饭。与此同时，她还买了一大捆减肥的中药来吃。

其实，从身高和体重的比例来计算，李小芳并不算胖。但她为什么要下决心减肥呢？这是由于男朋友总在她面前说，某个女孩儿很苗条，某个女明星身材很好。因此，她心里总在想："他可能嫌我不够苗条吧？"因为怕男朋友会因此而不再爱自己，她迫切地希望自己能再瘦一点儿。

第四课　减肥计划

　　跟其他人相比，李小芳这样做还算不上什么。有些姑娘想方设法，到处寻找能减肥的产品，希望依靠这些产品迅速地取得显著的减肥效果。个别人甚至连续几天不吃饭，单靠水果、蔬菜过日子。这样一来，从表面上看，采用这些方法是有效的，她们的确是瘦了，但身体却一天比一天弱了。同样，李小芳自从减肥后，虽然体重降下来了，但身体状况也不如以前了，常常感到精神不好，没有力气，容易疲倦。

　　好在男朋友及时发现了这样的情况，他批评李小芳说："哪儿有你这样减肥的？你要知道，这样做会危害健康的。你应该爱护身体，绝对不能用牺牲健康的办法来减肥，因为人的生命是最重要的。"同时，他还明确地向李小芳表示："你不必减肥，哪怕你很胖，我也不会在乎的。"这样，李小芳才停止了减肥。

　　当然，如果太胖的话，是会影响健康的。更可怕的是，这可能会引起一些严重的疾病。那么，对付发胖的办法是什么呢？用如今流行的口号来说，关键是要"管住嘴、迈开腿"。也就是说，只有适当地控制饮食，并且多运动，才能避免肥胖，保证身体的健康。

生词　New words

1. 当前　（名）　dāngqián　　当前，旅游市场的形势很好。
2. 瞒　　（动）　mán　　　　这件事我瞒着他，没告诉他。
3. 悄悄　（副）　qiāoqiāo　　他悄悄地对我说："这是秘密。"
　　　　　　　　　　　　　他睡着了，我悄悄地走出房间。

4. 原则	（名）	yuánzé	我做生意的原则是不欺骗顾客。
5. 坚决	（形）	jiānjué	他要去旅游，但父母坚决不同意。
6. 捆	（量）	kǔn	一捆～（报纸/草）
	（动）		你用绳子把这些书捆起来。
7. 比例	（名）	bǐlì	这杯咖啡中，咖啡和水的比例是1:10。
8. 计算	（动）	jìsuàn	你计算一下，8加6是多少？
9. 某	（代）	mǒu	*某人～（天/事）
10. 苗条	（形）	miáotiao	她长得很苗条。
11. 身材	（名）	shēncái	她的身材很苗条。
12. 嫌	（动）	xián	她不跟我谈恋爱，是嫌我没钱。
			你应该多做练习，别嫌麻烦。
13. 够	（动）	gòu	我学的汉语还不够多。
	（副）		今天的天气够冷的。
14. 迫切	（形）	pòqiè	他迫切地想知道事情的真相。
15. 想方设法	（成）	xiǎng fāng shè fǎ	我们要想方设法解决这个问题。
16. 寻找	（动）	xúnzhǎo	他在想方设法寻找一份工作。
			*寻找～（人/东西/原因）
17. 依靠	（动）	yīkào	他一直依靠父母生活。
18. 迅速	（形）	xùnsù	中国的经济发展很迅速。
			他想迅速学会跳舞。
19. 显著	（形）	xiǎnzhù	他吃了这种药，但效果不显著。
			他的汉语水平显著提高了。
20. 个别	（形）	gèbié	这个菜不错，但个别人不喜欢。
			喜欢他的人不多，只是个别的。

第四课　减肥计划

21. 连续	（副）	liánxù	上个月，他连续工作了三十天。	
22. 单	（副）	dān	吃饭时，他不吃菜，单喝酒。	
23. 表面	（名）	biǎomiàn	从表面上看，这件衣服不错。其实，质量很差。	
24. 采用	（动）	cǎiyòng	他们采用新技术生产新产品。 采用～（方法/建议/方案）	
25. 有效	（形）	yǒuxiào	感冒时吃这种药很有效。	
26. 弱	（形）	ruò	他的身体很弱。	
27. 批评	（动）	pīpíng	他迟到后，老师批评了他。	
28. 危害	（动）	wēihài	吸烟危害健康。 我们不能做危害安全的事。	
29. 爱护	（动）	àihù	我们要爱护身体。 爱护～（动物/孩子/公物）	
30. 牺牲	（动）	xīshēng	你不能因为减肥而牺牲健康。	
31. 生命	（名）	shēngmìng	我们要爱护自己的生命。 为了救别人，他牺牲了自己的生命。	
32. 明确	（形）	míngquè	他的学习目的很明确。 我明确地告诉他，我不爱他。	
33. 不必	（副）	búbì	这儿离那儿很近，不必坐车去。	
34. 在乎	（动）	zàihu	老师批评了他，可他不在乎。 我只在乎身体，不在乎钱。	
35. 停止	（动）	tíngzhǐ	他的病很严重，应该停止工作。 那个老人的呼吸停止了。	

36.	可怕	（形）	kěpà	那条马路晚上没有灯，很可怕。
				不懂没关系，可怕的是不努力。
37.	疾病	（名）	jíbìng	夏天，很多疾病都容易流行。
38.	口号	（名）	kǒuhào	我们公司的口号是"质量第一"。
39.	关键	（名）	guānjiàn	要学好汉语，关键是要多听多说。
40.	管	（动）	guǎn	父母要管好自己的孩子。
				这是别人的事，你别管别人的事。
41.	迈	（动）	mài	他向前迈了一步。
42.	适当	（形）	shìdàng	我们找个适当的时间谈一谈。
				酒不能多喝，只能适当地喝一点。
43.	控制	（动）	kòngzhì	我们要控制人口的增长速度。
				她控制不住自己，大哭起来。

 **Exercises**

一、根据课文内容回答下列问题

1. 李小芳减肥前告诉过男朋友吗？
2. 从身高和体重的比例来计算，李小芳算不算胖？
3. 李小芳为什么下决心减肥？
4. 李小芳采用了什么减肥方法？
5. 别的姑娘采用的减肥方法是什么？
6. 她们采用这些减肥方法的结果是什么？
7. 李小芳的男朋友认为她应该减肥吗？

第四课　减肥计划

8. 对付发胖的方法是什么？

二、读句子

1. 从身高和体重的比例来计算，李小芳并不算胖。
2. 她心里总在想："他可能嫌我不够苗条吧？"
3. 因为怕男朋友会因此而不再爱自己，她迫切地希望自己能再瘦一点儿。
4. 跟其他人相比，李小芳这样做还算不上什么。
5. 个别人甚至连续几天不吃饭，单靠水果、蔬菜过日子。
6. 从表面上看，采用这些方法是有效的。
7. 李小芳自从减肥后，身体状况不如以前了。
8. 他批评李小芳说："哪儿有你这样减肥的？"
9. 哪怕你很胖，我也不会在乎的。

三、选词填空

第一组：A. 瞒　B. 计算　C. 寻找　D. 控制　E. 采用

1. 她一直（　　）着这件事情的真相，没有告诉任何人。
2. 从今天起，我不吃高热量的东西了，以（　　）自己的体重。
3. 一个人去自驾游合算不合算，你应该（　　）一下成本。
4. 那个老板（　　）欺骗的方法销售这种产品，让很多顾客都上了当。
5. 他们在（　　）汽车发生故障的原因。

第二组：A. 批评　B. 危害　C. 爱护　D. 牺牲　E. 在乎

1. 百分之百的吸烟者都知道吸烟（　　）健康，但他们还是不肯戒烟。
2. 他开车时没有"安全第一"的意识，你应该好好（　　）他。

3. 我们要（　　）环境，因为我们只有一个地球。

4. 为了照顾孩子和家庭，很多职业女性（　　）了自己的事业。

5. 我一定要开车去沙漠，哪怕遭到意外的危险，我也不（　　）。

第三组：A. 明确　B. 有效　C. 坚决　D. 迫切　E. 显著

1. 你们动员我买的这种保健品真的对身体很（　　）吗？

2. 他学习这种技术的目标很（　　），就是要找到一份好工作。

3. 他采用这种新的学习方法后，学习成绩迅速提高了，效果很（　　）。

4. 虽然别人不住地向他敬酒，可是他（　　）不喝。

5. 明天就要去自驾游了，所以他（　　）地想知道沿途的气象情况。

四、辨析括号里的词，选择合适的词填空

1. 在山区开车太（　　）了，我真佩服你敢开的勇气。（怕/可怕）

2. 你应该迈开腿，多运动，别（　　）累。（嫌/讨厌）

3. 航空公司的规定是，随身行李（　　）在20公斤以内。（控制/限制）

4. 医生已经（　　）地说了，你没有什么严重的疾病。（显著/明确）

5. 如果你（　　）减肥的话，肯定会危害健康的。（继续/连续）

五、判断指定的词语应该放在哪个位置

1. 这次考试很难，A 我做了充分的准备，B 每道题都能 C 对付。（好在）

2. 要进步就要努力，哪儿有不努力 A 就能取得 B 显著进步 C？（的）

3. 这几天晚上，他 A 是瞒着我 B 悄悄地 C 出去，太异常了！（总）

4. 为了能 A 迅速减肥，她 B 还买了减肥的中药 C 吃。（来）

5. 我做的这个菜 A 确实 B 饭店做的 C 那么好。（不如）

第四课　减肥计划

六、选择最接近画线词语意思的一种解释

1. 这个城市的物价很高，<u>单</u>买一瓶矿泉水就得花 10 块以<u>上</u>。
   A. 只　　　　B. 才　　　　C. 还

2. 找工作并不难，<u>关键</u>是你要有能力，并且会两种语言。
   A. 重点的　　B. 重要的　　B. 重大的

3. 上个星期，这个地区<u>连续</u>下了三天雨。
   A. 接着　　　B. 继续　　　C. 不停地

4. 从<u>表面</u>上看，他挺高兴的。其实，他心里很不开心。
   A. 形状　　　B. 外表　　　C. 面前

5. 大家都想去那个新开辟出来的度假村，只有<u>个别</u>同学不想去。
   A. 少数　　　B. 别的　　　C. 个人

七、用指定词语完成对话

1. A：他为什么常常感到精神不好，没有力气？（是由于……）
   B：_____

2. A：我看，他俩的关系不错，准在谈恋爱吧？（从表面上看）
   B：_____

3. A：从身高和体重的比例来计算，她算得上苗条的。（A 不如 B）
   B：虽然她够苗条的，但是 _____

4. A：你要爱护身体，不能用牺牲健康的办法来减肥。（哪怕……，也……）
   B：我一定要减肥，_____

5. A：交通部门会取消这条路不能开车的规定吗？（明确）
   B：不会。交通部门已经 _____

6. A：你为什么打算开酒吧，而不开饭店呢？（嫌）
   B：_____

7. A：老板，顾客都觉得这件衣服太贵了，是不是降一些价呢？（适当）

   B：如果买的人很少，那么可以 _____

8. A：他为什么那么迫切地想找到一份工作呢？（依靠）

   B：因为 _____

9. A：你为什么晚上不睡觉也要完成作业呢？（原则）

   B：_____

10. A：昨天晚上，他怎么喝醉了？（连续）

    B：_____

八、用指定词语完成句子

1. 他八点就出发了，_____，他应该到了。（从……来计算）
2. 我认为，_____，人的生命是最重要的。（跟……相比）
3. 只有多运动才能避免肥胖，_____？（哪有……的）
4. 司机不能疲劳驾驶，因为这 _____。（引起）
5. _____，失败是成功之母。（用……来说）
6. 她有了钱就给自己增添衣服，跟她相比，_____。（算不上）
7. 他乐意这样做就让他这样做，_____。（管）
8. 吃得太多会影响身体健康，_____。（甚至）
9. 开车去沙漠或草原并不可怕，_____。（关键）
10. 如果你要减肥，那么 _____，是最有效的方法。（用……来……）

九、用指定词语写一段话

介绍你锻炼身体的情况。要求：

第一段：说明为什么要锻炼身体，并尽量使用以下词语：

……是由于　比例　计算　嫌　够　迫切

第二段：说明你锻炼身体的方法，并尽量使用以下词语：
    原则   坚决   依靠   采用   迅速
第三段：说明你锻炼身体的结果，并尽量使用以下词语：
    从……上看   连续   显著   效果   有效   不如
第四段：说明你锻炼身体的经验，并尽量使用以下词语：
    关键   明确   适当   哪怕……也   单   管

第五课

话说澳门

1. 中国有几个特别行政区？
2. 澳门最发达的行业是什么？

　　澳门是一个半岛，整个半岛的面积仅仅为30多平方公里，人口也只有50多万。如果以正常的车速逛澳门，那么几乎只要半个小时，就能把澳门半岛外面一圈全部绕完。显而易见，澳门确实够小的。

　　人们说，性格决定命运。对人是这样，对一个地方也是这样。澳门人的性格是温和的，这决定了澳门的性格也是平静的。由此，450年以来，澳门仍旧保留着几百年前的样子，澳门人也始终过着一种平静的生活。

　　澳门人生活、工作的节奏都不快，这也是与澳门的性格密切相关的。拿走路来说，澳门人都是不慌不忙的。所以，在澳门的街道上，澳门人一眼就能看出你是不是本地人，主要因素就是看你走得快还是慢。

在对待金钱方面，有些人会采取各种手段来获得金钱，可是，大部分澳门人却不怎么追求金钱。所以，这儿贫富之间的差距也不算大。在日常生活上，澳门人也不怎么追求物质享受。这表现在他们的生活是简单而朴素的，拿穿衣打扮来说，也都不怎么时尚，甚至比不上北京、上海和广州。

然而，澳门却是一个经济繁荣的地区。特别是近几年来，它的旅游业取得了空前的发展，并因此而推动了澳门经济的发展。此外，澳门的赌博业是相当发达的，这也是澳门经济繁荣的一个重要因素。

但是，在澳门，父母都不允许自己的孩子去赌场赌博。他们再三告诉孩子，赌博有很多害处。事实可以证明，不少人进了赌场以后，迫切地希望迅速发财，可结果不但没赢钱，反而把所有的钱都输掉了，更不幸的是，有些人甚至还输掉了自己的生活，因此，澳门人几乎都不赌博；但是，从事赌博业工作的人却不少，根据有关资料的统计，大概有6万左右的澳门人在赌场干活儿，担任这些吃钱机器的服务者。

生词　New words

1. 整　（形）　zhěng　整座山上都是树。
他喝了一整瓶酒。

2. 为	（动）	wéi	我在中国学习的时间为一年。
			这所学校的占地面积为60亩。
3. 以	（介）	yǐ	我以茶代酒，敬你一杯。
4. 圈	（量）	quān	我每天在操场跑三圈。
5. 绕	（动）	rào	我在操场上绕了三圈。
			司机故意绕路，多收了我的钱。
6. 显而易见	（成）	xiǎn ér yì jiàn	刚才，他喝了十瓶酒，显而易见，他的酒量很大。
7. 命运	（名）	mìngyùn	每个人的命运都不一样。
8. 温和	（形）	wēnhé	他的性格很温和。
			(气候/态度)～ 温和
9. 仍旧	（副）	réngjiù	现在，他的父母仍旧住在乡下。
10. 始终	（副）	shǐzhōng	很多年来，他们始终是好朋友。
11. 节奏	（名）	jiézòu	音乐是有节奏的。
			他的生活、工作节奏都很快。
12. 密切	（形）	mìqiè	我和他的关系很密切。
			环境与健康密切相关。
13. 拿……来说		ná……láishuō	这里的物价很贵，拿矿泉水来说，一瓶要10元。
14. 不慌不忙		bù huāng bù máng	他做事总是不慌不忙的。
15. 一眼		yì yǎn	他看了我一眼，就走了。
			在人群中，我一眼就认出了他。

第五课　话说澳门

16. 因素	（名）	yīnsù	身体不好有很多因素。
			老师备课时，要考虑很多因素。
17. 对待	（动）	duìdài	你要认真对待工作。
			在对待工作方面，他很认真。
			*对待～（朋友/金钱/问题）
18. 手段	（名）	shǒuduàn	他用欺骗别人的手段赚钱。
			考试是检查学习情况的手段。
19. 获得	（动）	huòdé	他想获得好成绩。
			获得～（金钱/第一名）
20. 差距	（名）	chājù	每个国家都存在贫富差距。
			我和他的汉语水平差距不大。
21. 追求	（动）	zhuīqiú	他是一个追求享受的人。
			追求～（金钱/目标/名利）
22. 物质	（名）	wùzhì	人们的物质条件比过去好了。
23. 表现	（动）	biǎoxiàn	他心里很高兴，但没表现出来。
			他很努力，这表现在很多方面。
	（名）		在工作上，他的表现很好。
24. 朴素	（形）	pǔsù	在生活上，他始终很朴素。
25. 比不上		bǐ bu shàng	我的汉语水平比不上他。
26. 繁荣	（形）	fánróng	这个地区的经济很繁荣。
27. 空前	（动）	kōngqián	国家的经济取得了空前的发展。
28. 推动	（动）	tuīdòng	他的力气很大，能推动一辆汽车。
			改革开放推动了中国经济的发展。

29. 赌博	（动）	dǔbó	你不要去赌场赌博。
30. 再三	（副）	zàisān	妈妈再三说："你要注意安全。"
31. 害处	（名）	hàichu	赌博没有好处，只有害处。
32. 反而	（副）	fǎn'ér	他生病后没有瘦，反而胖了。
			他家最远，可是他反而先到了。
33. 不幸	（形）	búxìng	那条路发生了不幸的交通事故。
			救火时，他不幸牺牲了。
34. 从事	（动）	cóngshì	他想当老师，从事教育工作。
			从事～（研究/事业）
35. 根据	（介）	gēnjù	学生根据课文内容回答问题。
			根据学校规定，学生要参加考试。
36. 统计	（动）	tǒngjì	根据统计，这个城市有一百万人。丙
37. 干活儿		gàn huór	他在工厂工作，每天都要干活儿。
38. 担任	（动）	dānrèn	他担任我们班的班长。
			王老师担任这个班的教学工作。

练习　Exercises

一、根据课文内容回答下列问题

1. 为什么说澳门的面积不大？
2. 450年以来，澳门和澳门人的生活为什么没有改变？
3. 澳门人的生活和工作节奏都不快，这与什么密切相关？

4. 澳门人是怎样对待金钱和物质的?
5. 在经济方面,澳门是怎样的?
6. 近几年来,澳门旅游业的发展是怎样的?
7. 澳门的什么行业相当发达?
8. 为什么澳门人几乎都不赌博?

二、读句子

1. 整个半岛的面积仅仅为30多平方公里。
2. 以正常的车速逛澳门,只要半个小时就能把半岛外面一圈绕完。
3. 450年以来,澳门人始终过着一种平静的生活。
4. 澳门人的生活、工作的节奏都不快,这与澳门的性格密切相关。
5. 澳门人的生活节奏不快,拿走路来说,澳门人都是不慌不忙的。
6. 澳门人不怎么追求物质享受,这表现在他们的生活是简单而朴素的。
7. 拿穿衣打扮来说,澳门人不怎么追求时尚,甚至比不上北京、上海和广州。
8. 不少人进了赌场以后,不但没赢钱,反而把所有的钱都输掉了。
9. 根据有关资料的统计,大概有6万左右的澳门人在赌场干活儿。

三、选词填空

第一组:A. 绕　B. 对待　C. 获得　D. 追求　E. 表现

1. 你应该认真地(　　)别人的批评。
2. 我们公司在生产电脑时,不能只(　　)数量,而不考虑质量。
3. 他们开车上山时,在山路上(　　)了几十圈才到达山顶。

4. 澳门人的性格是温和的,这( )在他们走路都是不慌不忙的。
5. 她希望依靠减肥药的帮助,迅速地( )显著的减肥效果。

第二组:A. 推动　B. 证明　C. 从事　D. 统计　E. 担任
1. 他还缺乏良好的驾驶技术,怎么能让他( )司机呢?
2. 这儿的日常游客量比以前增长了多少,我还没有( )过。
3. 民族村开展的这些活动,也( )了少数民族文化的发展。
4. 你说他偷了别人的东西,你怎么( )呢?
5. 在我们公司,他同我一道( )开发新产品的工作。

第三组:A. 命运　B. 节奏　C. 密切　D. 空前　E. 不幸
1. 他的工作( )很快,好像他是个不知道疲倦的人。
2. 澳门人的生活很朴素,这是与他们不追求物质享受( )相关的。
3. 听说,老王最近( )得了重病。
4. 他说自己总是找不到好工作,是因为自己的( )不好。
5. 近年来,这个地区的经济( )繁荣,人们的生活水平也提高了。

四、辨析括号里的词,选择合适的词填空

1. 公司今年卖出了一万台电脑,这是( )的好成绩。(空前/前所未有)
2. 他取得了显著的进步,是因为他的学习( )很好。(手段/方法)
3. 决定植物生长的( )有两个:一是温度,二是湿度。(因素/原因)
4. 我不知道"始终"和"一直"的( )是什么。(差距/差别)
5. 上个星期,这儿( )下了三天雨。(始终/一直)

五、判断指定的词语应该放在哪个位置

1. 他 A 欺骗别人的手段 B 来 C 获得金钱。(以)

2. 这件事我 A 问了他好几次，但 B 他 C 瞒着我。（始终）

3. A 我们 B 那位导游的介绍，获得了很多 C 中国文化知识。（根据）

4. 他 A 表示："你不必 B 减肥，哪怕你很胖，我 C 也不在乎。"（再三）

5. 老师说了很多遍，A 我不但 B 没听懂，C 更莫名其妙了。（反而）

六、选择最接近画线词语意思的一种解释

1. 他掀起壶盖看了<u>一眼</u>，就知道里边是什么品种的茶了。
   A. 一会儿　　　　B. 一下　　　　C. 一趟

2. <u>仅仅</u>几年的时间，那个地区的旅游业就取得了空前的发展。
   A. 只有　　　　B. 刚才　　　　B. 只要

3. 他虽然输掉了很多钱，但是他<u>仍旧</u>去赌博。
   A. 还是　　　　B. 一直　　　　C. 从来

4. 父母<u>再三</u>告诉孩子，事实证明，赌博有很多害处。
   A. 再一次　　　　B. 三次　　　　C. 一次又一次

5. 他竟然连续几个月不给你写信，这<u>证明</u>他已经不爱你了。
   A. 明确　　　　B. 表明　　　　C. 保证

七、用指定词语完成对话

1. A：根据你的计算，那个人工湖的面积有多大？（整个）
   B：_____

2. A：我们能用单靠吃水果、蔬菜的方法来减肥吗？（以）
   B：_____

3. A：要想获得好成绩，就一定要有认真的学习态度。（A 与 B 密切相关）
   B：你说得对。_____

4. A：在那些人中，你马上就能认出谁是老师吗？（一眼）
   B：当然可以。我 _____

5. A：澳门人在穿衣打扮上为什么简单而朴素呢？（因素）
   B：其中的一个 _____

6. A：一个国家为什么应该重视科学技术的发展？（推动）
   B：这是因为 _____

7. A：跟那个品种的苹果相比，这种苹果的味道怎么样？（比不上）
   B：_____

8. A：你昨天怎么没来参加考试？是老师没说吗？（再三）
   B：不是。_____

9. A：昨天相当热，下了一场大雨后，天气凉快些了吗？（反而）
   B：天气不但 _____

10. A：听说，他嫌你的身材不够苗条，是真的吗？（事实）
    B：_____

八、用指定词语完成句子

1. 现在，他管住了嘴，迈开了腿，_____。（由此）
2. 他吃这种药后，病就好了，_____。（证明）
3. _____，60%的男生喜欢足球。（根据……统计）
4. 中国的经济与发达国家相比，_____。（差距）
5. 从去年起，他为了避免肥胖，_____。（始终）
6. 这个城市非常干净，_____。（拿……来说）
7. _____，他始终很认真。（在对待……方面）
8. 有些行人见到前边是红灯也走过去，_____。（显而易见）
9. 在吃的方面，广东人很有勇气，_____。（这表现在……）
10. 在我吃的荤菜中，三分之二以上 _____。（为）

九、用指定词语写一段话

介绍你熟悉的一个地方（城市/家乡……），要求：

第一段：说明这个地方的面积、人口，并尽量使用以下词语：

    整个   仅仅   为   几乎   绕   圈

第二段：说明人们的性格，并尽量使用以下词语：

    温和   始终   仍旧   由此   拿……来说   节奏

第三段：说明人们对生活的态度，并尽量使用以下词语：

    对待   追求   表现   与……密切相关   因素

第四段：说明这个地方的经济情况，并尽量使用以下词语：

    繁荣   空前   推动   事实   根据   差距

第六课

"梦咖啡"的梦想

你知道吗？

1. 咖啡的做法有哪些？
2. 怎样才能经营好一家咖啡店？

课文　Text

每当回忆起过去，我常常会想起小时候住过的老房子。那是一座20世纪30年代造的房子：屋顶的形状是尖的，门和窗都是木头的。由于窗户不大，屋内的光线也不是很强。后来，随着地区的改造，这座又老又旧的房子也被拆掉了。

前不久的一个夜里，我在家里闲着没事干，便逛到了港口附近的一条街上。在码头边，我发现有一家新开的咖啡店，名字叫"梦咖啡"。房子的构造和我记忆中的老房子相似，于是我便推开门走了进去。

一跨进屋子，就闻到空气中飘着咖啡的香味。屋内的空间算不上大，地上铺着地毯，墙上安装着两台空调。不宽不窄的桌椅擦得

第六课 "梦咖啡"的梦想

很干净,一点儿灰也没有。在柜台上,放着几台国外制造的咖啡机,还有几个圆形的玻璃罐子,里边放着一颗颗颜色不同的咖啡豆。见我进来,三十来岁的老板便走了过来,问我要喝什么咖啡。我说喜欢喝苦的咖啡,来一杯现磨的"清咖"吧。

不一会儿,服务员就把咖啡端来了。捧在手上,觉得香味扑鼻,喝起来也挺适合我的口味。客人不多,于是我便跟老板交谈起来。他告诉我,实事求是地说,当前生意还算不上好,来这儿消费的顾客不是很多。好在妻子很支持他,让他乐观地对待现实,大胆地办下去,别害怕任何失败。

我说:"对啊!刚开始营业肯定是艰苦的,但是你仍旧应该坚持下去,不要半途而废。眼前,最要紧的是,你要对市场加以研究,最好再请一些专家来指导。"老板说,这正是他考虑之中的事。接着,他又说:"我还想发明几种新的咖啡饮料,现在正在做试验。另外,再适当地延长一下营业时间,并做一些广告。这样,生意可能会逐步好起来的。"

我相信,只要有勇气坚持下去,他就准能创造一个美好的未来,实现他的"梦想","梦咖啡"也一定会有一个光明的前途。

生词 New words

1. 年代	(名)	niándài	1980年至1989年为80年代。
2. 尖	(形)	jiān	这根针很尖。

3. 光线	(名)	guāngxiàn	那个房间的光线很好。
4. 闲	(形)	xián	她最近很闲，常闲着没事干。
5. 港口	(名)	gǎngkǒu	上海是一个港口城市。
6. 码头	(名)	mǎtóu	我们要去那个码头上船。
7. 构造	(名)	gòuzào	人体的构造很复杂。 (机器/房屋)～ 构造
8. 记忆	(名)	jìyì	那件事一直留在我的记忆中。 他的记忆力很强。
9. 相似	(形)	xiāngsì	她长得和妈妈很相似。
10. 跨	(动)	kuà	他一步就跨进了屋里。 我向前跨了一步。
11. 飘	(动)	piāo	天上飘着白云。
12. 空间	(名)	kōngjiān	这个屋子的空间不大。
13. 安装	(动)	ānzhuāng	工人在安装空调。
14. 宽	(形)	kuān	这条马路很宽。
15. 窄	(形)	zhǎi	那条道路很窄。
16. 灰	(名)	huī	椅子上很干净，没有灰。
17. 制造	(动)	zhìzào	这个公司制造汽车。
18. 圆	(形)	yuán	这张桌子的形状是圆的。
19. 罐子	(名)	guànzi	桌子上，有一个圆形的罐子。
20. 颗	(量)	kē	一颗～（星星/豆/牙齿）
21. 磨	(动)	mò	他要买能磨咖啡的咖啡机。
22. 捧	(动)	pěng	她手里捧着一束鲜花。

第六课 "梦咖啡"的梦想

23.	扑	（动）	pū	一条狗向我扑过来。
24.	实事求是	（成）	shí shì qiú shì	说话应该实事求是。
				实事求是地说,我不喜欢她。
25.	消费	（动）	xiāofèi	周末,很多人都到这个大商场来消费。
26.	支持	（动）	zhīchí	我支持你的计划。
27.	乐观	（形）	lèguān	她是一个很乐观的人。
28.	现实	（名）	xiànshí	现在我的收入不高,这是现实。
		（形）		所以,现在买车不现实。
29.	害怕	（动）	hàipà	你大胆地说吧,不要害怕说错。
30.	艰苦	（形）	jiānkǔ	他的工作和生活都很艰苦。
31.	半途而废	（成）	bàn tú ér fèi	你应该继续学,不要半途而废。
32.	眼前	（名）	yǎnqián	眼前,她觉得找工作最重要。
33.	要紧	（形）	yàojǐn	眼前,最要紧的是学好汉语。
				医生说,你的病不要紧。
34.	加以	（动）	jiāyǐ	我们要对汉语语法加以研究。
				加以～（了解/考虑/控制）
35.	专家	（名）	zhuānjiā	他是制造汽车的专家。
36.	指导	（动）	zhǐdǎo	老师指导我写了一篇文章。
				在他的指导下,我学会了开车。
37.	发明	（动）	fāmíng	他发明了一种无人驾驶汽车。
38.	试验	（动）	shìyàn	这种新药好不好,要试验一下。
		（名）		开发新产品需要做很多次试验。
39.	延长	（动）	yáncháng	会议的时间延长了一个小时。

40. 创造	（动）	chuàngzào	他创造了一种新的健身方法。
			*创造～（机会/条件/纪录）
41. 未来	（名）	wèilái	他对未来很乐观。
			我们要创造美好的未来。
42. 光明	（形）	guāngmíng	现在很艰苦，但未来是光明的。
43. 前途	（名）	qiántú	你一定会有光明的前途。

练习 Exercises

一、根据课文内容回答下列问题

1. "我"曾经住过的房子是什么样的？
2. "我"为什么走进了"梦咖啡"？
3. "梦咖啡"的屋内是什么样的？
4. "我"点了一杯什么咖啡？味道怎么样？
5. 咖啡店的生意不太好，但老板为什么能坚持开下去？
6. "我"给老板的建议是什么？
7. 老板正在考虑的事情是什么？
8. "我"相信，老板和他的咖啡店将来一定会怎么样？

二、读句子

1. 每当回忆起过去，我常常会想起小时候住过的房子。
2. 这座房子的构造和我记忆中的房子相似，于是我便推开门走了进去。

3. 老板告诉我:"实事求是地说,当前生意还算不上好。"
4. 妻子很支持他,让他乐观地对待现实,大胆地办下去。
5. 眼前,最要紧的是,你要对市场加以研究。
6. 老板说,这正是他考虑之中的事。
7. 我还想发明几种新的咖啡饮料,现在正在做试验。
8. 我再适当地延长一下营业时间,并做一些广告。
9. 只要有勇气坚持下去,他就准能创造一个美好的未来。

三、选词填空

第一组:A. 制造　B. 造　C. 延长　D. 创造　E. 发明

1. 我以前只打算在中国学一年汉语,现在准备再(　　)一年。
2. 马路上的哪些汽车是哪国(　　)的,他一眼就能认出来。
3. 导游领我们参观的这座建筑很漂亮,是一千多年前(　　)的。
4. 在我们班,没有人不知道电灯是谁(　　)的。
5. 总经理保证,要以最大的努力为员工(　　)良好的工作环境。

第二组:A. 相似　B. 乐观　C. 大胆　D. 构造　E. 安装

1. 如果你想开发什么新产品,就(　　)地去做试验吧。
2. 为了便于看电影,我要在这台电脑上(　　)影音软件。
3. 在工作中,他遇到了不少很难对付的困难,但他始终很(　　)。
4. 澳门和香港(　　),都是经济很繁荣的地区。
5. 要学会修理这台机器,关键是要了解它的(　　)。

第三组:A. 支持　B. 加以　C. 艰苦　D. 指导　E. 闲

1. 我对中国文化不太熟悉,还需要通过学习(　　)了解。
2. 父母再三对他说,不能总是(　　)在家里,应该去找一份工作。

3. 在王教授的（　　）下，学生们正在抓紧时间写毕业论文。

4. 他的想法很有创造性，我们都很（　　）他。

5. 虽然这里的生活条件很（　　），但是我们能对付。

四、辨析括号里的词，选择合适的词填空

1. 在这次运动会上，他（　　）了一项新的世界纪录。（发明/创造）

2. 你应该在医生的（　　）下减肥。（指导/辅导）

3. 我来中国前，妈妈（　　）说："你一定要注意身体"。（再三/加以）

4. 在学习中，你不能（　　）艰苦，更不能半途而废。（害怕/可怕）

5. 老板说："你给客人茶时，要用双手（　　）给他们。"（拿/捧）

五、判断指定的词语应该放在哪个位置

1. 这 A 两个城市的港口 B，都是 C 深水港。（相似）

2. 这项工程的施工 A 方案 B 正在设计 C。（之中）

3. 昨天晚上，天上 A 只有 B 十 C 颗星星。（来）

4. 老板说，A 需要 B 解决的问题是怎样吸引 C 消费者。（眼前）

5. 我要先 A 对那个公司 B 考察，再决定 C 是否去那儿工作。（加以）

六、选择最接近画线词语意思的一种解释

1. <u>实事求是</u>地说，我的汉语水平还没有取得显著的进步。

　　A. 现实　　　　　B. 老实　　　　　C. 事实

2. 在我的记忆中，码头附近的那座大桥是70年代<u>造</u>的。

　　A. 建造　　　　　B. 制造　　　　　C. 构造

3. 你的病<u>眼前</u>还不要紧，只是普通的感冒，但是一定要注意休息。

　　A. 重要　　　　　B. 关键　　　　　C. 严重

4. 是不是要请专家来指导，我还要反复考虑后才能决定。
   A. 接着　　　　　B. 增加　　　　　C. 再三
5. 现在旅游市场的形势很好，我们旅行社应该再开辟一些新的市场。
   A. 发明　　　　　B. 开发　　　　　C. 创造

七、用指定词语完成对话

1. A：在你们国家，城市和农村的贫富差距大不大？（实事求是）
   B：＿＿＿＿＿＿＿＿＿＿＿＿＿＿＿＿＿＿＿＿＿＿

2. A：你觉得眼前什么事情最重要？（要紧）
   B：我觉得 ＿＿＿＿＿＿＿＿＿＿＿＿＿＿＿＿＿＿

3. A：听朋友说，你现在每天都忙得不得了，是吗？（闲）
   B：是的。几乎没有 ＿＿＿＿＿＿＿＿＿＿＿＿＿＿

4. A：她长得漂亮，性格也很温和，她姐姐呢？（A 跟 B 相似）
   B：＿＿＿＿＿＿＿＿＿＿＿＿＿＿＿＿＿＿＿＿＿＿

5. A：你看看，这个地方仍旧保留着以前的样子吗？（在……记忆中）
   B：＿＿＿＿＿＿＿＿＿＿＿＿＿＿＿＿＿＿＿＿＿＿

6. A：你从来没离开过城市，去没电缺水的山区工作行吗？（艰苦）
   B：没问题。＿＿＿＿＿＿＿＿＿＿＿＿＿＿＿＿＿＿

7. A：我不知道怎样用电脑设计广告，你有什么好的建议吗？（指导）
   B：我的建议是，＿＿＿＿＿＿＿＿＿＿＿＿＿＿＿＿

8. A：当前，不少年轻人都想买一套属于自己的房子。你呢？（现实）
   B：我也想买，可是 ＿＿＿＿＿＿＿＿＿＿＿＿＿＿

9. A：如果孩子喜欢发明，父母应该怎么做？（支持）
   B：＿＿＿＿＿＿＿＿＿＿＿＿＿＿＿＿＿＿＿＿＿＿

10. A：我看，你现在的身体还不太好，应该继续锻炼吧？（半途而废）
    B：是的。我还要继续锻炼，＿＿＿＿＿＿＿＿＿＿＿

八、用指定词语完成句子

1. 墙上的这台空调坏了，要送到修理店去修，_____。（拆）
2. 孩子一看到妈妈来接她，_____。（扑）
3. 我不知道他赢了多少钱，大概_____吧。（来）
4. 他设计的旅游线路好不好，我们还要_____。（加以）
5. _____，我最佩服的人是王华。（在……之中）
6. 这种化妆品是不是有效，_____。（试验）
7. 国家对工人的工作时间是有规定的，_____。（延长）
8. 你不愿意听我说，那我们就没有必要_____。（交谈）
9. 这扇门上的锁坏了，_____。（安装）
10. 在回家的路上，我的自行车坏了，只好_____。（推）

九、用指定词语写一段话

介绍你熟悉的一家店（商店/饭店/服装店等）。要求：

第一段：说明房子建造的时间和构造，并尽量使用以下词语：
年代　造　屋顶　门　窗　相似

第二段：说明屋内的环境是怎样的，并尽量使用以下词语：
跨　空间　宽　窄　光线　安装

第三段：说明你对这家店营业状况的了解，并尽量使用以下词语：
实事求是　现实　适合　消费　乐观

第四段：提出你对这家店该如何发展的建议，并尽量使用以下词语：
眼前　要紧　加以　适当　延长　创造

第七课　利益与道德

1. 什么叫"宰客"?
2. 遇到"宰客"的情况怎么办?

前天晚上,我出席了一次会议,还在会议上做了一个报告,题目是《利益与道德》。会后,听讲的一些年轻人纷纷围住我,有的谈了自己的心得,有的表达了自己的观点。在一些问题上,大家不但相互交换了看法,甚至还展开了争论。这样一来,当我离开会场时,已经是深夜了。

我来到马路边,等待汽车的到来,可等了很久也不见车的影子。后来,终于来了一辆出租车。踏上车后,我对司机说:"劳驾,去和平路。"没想到的是,他竟然说要八十块。我吃惊地问:"这段路不是二十多块就够了吗?"但他坚持说,除非我出八十块钱,否则就不开车。可是，我的口袋里只有四十块钱。我问他，只付这些钱行不行，但他的回答是否定的。我虽然感到很愤怒，心里恨他，可也没有办法。我心里想，如果再来一个人就好了。

忽然，我眼前一亮，看到左前方来了一个女孩儿。她肩上背着一个包，匆匆忙忙地向汽车走了过来。当她来到我面前时，我立刻问她："你去和平路吗？"女孩儿说，她也去那儿。我告诉她，司机要八十块，可我只有四十块，还差一半。没想到，女孩儿说她只有三十块。这些钱加起来也只有七十块，还是不够。可是，当时马路上已见不到别的车，这辆车可能是回家唯一的交通工具了。我们俩只好一再请求司机开车。最后，他才勉强地发动了汽车。

到了终点后，我看着汽车渐渐消失在黑暗中，心里想，遇到这样的事情真是倒霉。但是，我不会原谅这个司机的。他以这种手段来赚钱，简直太不道德了，既耽误了乘客的时间，也违反了交通管理部门的规定，所以，我是绝对不会保持沉默的，一定要去投诉他。我这样做，不仅仅是要给他一个教训，而且也是为了维护乘客的利益。我希望，从今以后，在对待利益方面，人人都能高度重视道德的问题，并自觉地遵守有关规定，从而能将这样的事情消灭。

第七课　利益与道德

生词　New words

1. 出席	（动）	chūxí	昨天，他出席了一次会议。
2. 报告	（名）	bàogào	他在会议上做了一个报告。
	（动）		他向大家报告了一个好消息。
3. 利益	（名）	lìyì	政府要关心老百姓的利益。
4. 道德	（名）	dàodé	每个人都要讲道德。
	（形）		欺骗别人是不道德的。
5. 纷纷	（副）	fēnfēn	雪花纷纷从空中飘下来。
			同学们纷纷报名参加运动会。
6. 心得	（名）	xīndé	看了这本书后，你有什么心得？
7. 表达	（动）	biǎodá	他的口头表达能力很强。
			我表达了自己的想法和态度。
8. 交换	（动）	jiāohuàn	我和他交换了电话号码。
			交换～（东西/看法/座位/意见）
9. 展开	（动）	zhǎnkāi	大家针对这个问题展开了讨论。
			他展开他的画儿给我看。
			展开～（活动/研究/竞争）
10. 争论	（动）	zhēnglùn	这样做对不对，我们争论了半天。
11. 等待	（动）	děngdài	他们都在等待新年的到来。
			等待～（机会/安排/客人）
12. 影子	（名）	yǐngzi	灯光下，他的影子很长。
			那件事，我连影子也记不清了。

13. 除非	（连）	chúfēi	除非你去请他，他才会来。丙
			除非你去请他，否则他不会来。
14. 口袋	（名）	kǒudài	这件衣服有两个口袋。
			他的口袋里连一分钱也没有。
15. 否定	（动）	fǒudìng	专家们否定了我的看法。
16. 愤怒	（形）	fènnù	他欺骗了我，我感到很愤怒。
17. 恨	（动）	hèn	我恨他，是因为他欺骗了我。
18. 肩	（名）	jiān	他的肩很宽。
			他的肩上背着一个包。
19. 唯一	（形）	wéiyī	要学好口语，唯一的办法是多说。
20. 工具	（名）	gōngjù	汽车坏了，但是我没修车的工具。
			汽车、飞机都是交通工具。
21. 一再	（副）	yízài	这辆车为什么会一再发生故障？
22. 请求	（动）	qǐngqiú	他请求休假，老板批准了。
23. 勉强	（形）	miǎnqiǎng	我一再动员他，他才勉强同意去。
	（动）		如果他不愿意去，你别勉强他。
24. 发动	（动）	fādòng	司机发动了汽车。
			老师发动大家帮助他。
25. 消失	（动）	xiāoshī	以前那儿有个岛，现在消失了。
			飞机渐渐消失在天空中。
26. 黑暗	（形）	hēi'àn	在黑暗中，我什么也看不见。
27. 原谅	（动）	yuánliàng	他欺骗了我，我不会原谅他。

第七课　利益与道德

28. 简直	（副）	jiǎnzhí	今天的温度是38度，简直太热了！
29. 耽误	（动）	dānwù	你快走吧，别耽误了上飞机。
			耽误～（时间/事情/前途）
30. 违反	（动）	wéifǎn	这是公司的规定，你不能违反。
			我们不能违反交通规则。
31. 保持	（动）	bǎochí	这是图书馆，你们要保持安静。
			保持～（关系/联系/清洁）
32. 沉默	（动）	chénmò	我问他，可是他沉默着不说话。
	（形）		他平时不爱说话，很沉默。
33. 投诉	（动）	tóusù	那个司机故意绕路，我要投诉他。
34. 教训	（名）	jiàoxùn	我投诉他，是要给他一个教训。
	（动）		这孩子玩儿火，父母教训了他半天。
35. 维护	（动）	wéihù	管理部门要维护消费者的利益。
			他打了人，你怎么能维护他呢？
36. 高度	（副）	gāodù	我们要高度重视环境问题。
	（名）		我知道这座山的高度。
37. 自觉	（形）	zìjué	学生应该自觉学习。
38. 遵守	（动）	zūnshǒu	我们要自觉遵守交通规则。
			遵守～（规定/道德/纪律）
39. 从而	（连）	cóng'ér	他平时吃得太多，从而变胖了。
40. 消灭	（动）	xiāomiè	他们消灭了很多蚊子。
			我们要消灭"宰客"的现象。

练习 Exercises

一、根据课文内容回答下列问题

1. 前天晚上,"我"做了一个什么报告?
2. "我"为什么深夜才离开会场?
3. 司机一定要"我"付多少钱才开车?
4. "我"和那个女孩儿的钱加起来够付车费吗?
5. 在什么情况下,司机才发动了汽车?
6. "我"为什么不会原谅那个司机?
7. "我"为什么不会保持沉默,一定要去投诉那个司机?
8. "我"的希望是什么?

二、读句子

1. 在一些问题上,大家不但相互交换了看法,甚至还展开了争论。
2. 司机说,除非我出八十块钱,否则就不开车。
3. 我们俩只好一再请求司机开车。最后,他才勉强地发动了汽车。
4. 我不会原谅这个司机的,因为他这样做简直太不道德了!
5. 司机的做法既耽误了乘客的时间,也违反了交通管理部门的规定。
6. 我是绝对不会保持沉默的,一定要去投诉他。
7. 我投诉他,不仅仅是要给他一个教训,而且也是为了维护乘客的利益。
8. 我希望,从今以后,人人都能高度重视道德的问题。

9. 我希望人人都能自觉遵守有关规定，从而能将这样的事情消灭。

三、选词填空

第一组：A. 表达　B. 争论　C. 耽误　D. 交换　E. 展开

1. 要不要开展夜间游览活动，民族村的负责人（　　）了深入的讨论。
2. 最近，他虽然身体状况不太好，可是没（　　）过一天学习。
3. 对于是不是要延长营业时间的问题，老板夫妇（　　）了起来。
4. 他用"你真有勇气"这句话（　　）了对我的佩服。
5. 自2007年以来，这两所大学每年都有（　　）留学生的项目。

第二组：A. 愤怒　B. 发动　C. 保持　D. 一再　E. 勉强

1. 春天快要来了，政府将（　　）市民参加绿化城市的活动。
2. 最近，孩子（　　）违反学校的纪律，所以我教训了他一顿。
3. 让妻子感到（　　）的是，现在丈夫竟然天天去赌博。
4. 他一再向我敬酒，我才（　　）喝了一杯。
5. 我对他说："哪怕失败一百次，你也要（　　）乐观的态度。"

第三组：A. 消失　B. 消灭　C. 教训　D. 沉默　E. 维护

1. 她采用不适当的方法减肥后生病了，这给了她一个很大的（　　）。
2. 听到这个不幸的消息时，大家都（　　）了。
3. 孩子不遵守交通规则，你怎么不教训他，反而（　　）他呢？
4. 现在，这种让很多人失去生命的疾病早已被（　　）了。
5. 随着年龄的增长，他对流行音乐的兴趣逐渐（　　）了。

四、辨析括号里的词，选择合适的词填空

1. 我想用汉语说这句话，但是（　　）不出来。（表达/表示）
2. 他不爱说话，也不善于跟别人（　　）。（交换/交流）
3. 这件事情的真相（　　）他一个人知道。（除非/只有）
4. 我（　　）他参加学校组织的朗读比赛。（发动/动员）
5. 他（　　）地图，开始研究旅游的路线。（展开/开展）

五、判断指定的词语应该放在哪个位置

1. A 事实证明 B 这种药 C 是有效的，否则我是不会吃的。（除非）
2. 对我来说，A 眼前 B 要紧的事情就是 C 要找到工作。（唯一）
3. 老王在旅途中 A 遭到了 B 意外的交通事故，C 太倒霉了！（简直）
4. 他 A 以欺骗的手段来 B 获得利益，我要 C 去投诉他。（一再）
5. A 民族村 B 开展了各种活动，C 推动了村里经济的发展。（从而）

六、选择最接近画线词语意思的一种解释

1. 在这次会议上，他一再表达了对这件事情的看法。
   A. 表现　　　　B. 表明　　　　C. 表面
2. 我们要针对这个问题展开深入的研究。
   A. 开展　　　　B. 展出　　　　C. 发展
3. 除非你说"对不起"，他才会原谅你。
   A. 只有　　　　B. 只要　　　　C. 仅仅
4. 天气太冷了，汽车发动不起来。
   A. 开发　　　　B. 开动　　　　C. 推动
5. 消费者可以用法律维护自己的权益。
   A. 爱护　　　　B. 保持　　　　C. 保护

第七课　利益与道德

七、用指定词语完成对话

1. A：在昨晚的婚礼上，新郎和新娘相互之间做了什么？（交换）
   B：_____

2. A：对于怎样保护环境的问题，大家都表达了自己的看法吗？（纷纷）
   B：是的。_____

3. A：你们度假村定的门票价格，物价部门批准了吗？（等待）
   B：还没有呢，我们_____

4. A：他赌了好几次都没赢钱，怎么还去赌呢？（除非……，否则……）
   B：我看，_____

5. A：为什么大家都不支持我提出的这个观点呢？（否定）
   B：因为你的观点是不对的，所以_____

6. A：他不愿意谈看完这本书的心得，怎么办呢？（勉强）
   B：_____

7. A：连续几天，我都没见到过他，他去哪儿了？（消失）
   B：我也没见到过他的影子，_____

8. A：你的老板这样做太不道德了，你怎么不说他呢？（沉默）
   B：他是我的老板，_____

9. A：你们学校的学生都具有交通安全意识吗？（自觉）
   B：是的。这表现在_____

10. A：最近，你的孩子总是想方设法逃课，你应该管一下。（教训）
    B：好。我_____

八、用指定词语完成句子

1. 在产品销售上，这两家电脑公司_____。（展开）
2. 如果你想保持一个好身材，_____。（唯一）
3. 这个邮件是要由收件人付费的，除非你先付钱，_____。（否则）

4. 那个商店平时几乎没有顾客，生意 ＿＿＿＿＿＿＿＿＿＿。（简直）
5. 我投诉那家商店，是为了 ＿＿＿＿＿＿＿＿＿＿。（维护）
6. 在学习期间，同学们始终 ＿＿＿＿＿＿＿＿＿＿。（保持）
7. 我们八点出发，你别迟到，否则会 ＿＿＿＿＿＿＿＿＿＿。（耽误）
8. 气候异常与环境污染密切相关，各国政府应该 ＿＿＿＿＿＿＿＿。（高度）
9. 那个老板 ＿＿＿＿＿＿＿，可事实的真相是他欺骗了顾客。（一再）
10. 他去了中国的不少地方，＿＿＿＿＿＿＿＿＿＿＿＿＿。（从而）

九、用指定词语写一段话

介绍某次关于利益与道德的讨论，要求：

第一段：说明人们对利益与道德的观点，并尽量使用以下词语：
　　　　纷纷　　表达　　交换　　展开　　争论　　心得

第二段：说明某次遇到的不道德的事情，并尽量使用以下词语：
　　　　竟然　　一再　　除非　　否则　　勉强　　违反　　简直

第三段：说明你遇到不道德的事会怎么做，并尽量使用以下词语：
　　　　原谅　　保持　　沉默　　教训　　维护

第四段：说明你对人们道德意识的希望，并尽量使用以下词语：
　　　　从……以后　　高度　　自觉　　遵守　　从而　　消灭

第八课

箱子与桔子

 你知道吗？

1. "相互理解"是什么意思？
2. 双方发生矛盾时，应该怎么做？

 课文　　Text

　　每次去旅游，我从来都不把购物当做重点。可来到上海后，见到那么多新款的衣服时，便忍不住大买特买起来，前后一共买了十几件。为了能装下这么一大堆衣服，我还买了一只上海生产的箱子。

　　那只箱子既实用又耐用，并且体积也很大。箱子里装了那么多衣服后，重量也不轻。重就重点儿吧，反正会有朋友来给我送行的。可是，当我用力把它提上火车后，才发现行李架上的空间不够大，根本就搁不下。我弯下腰，企图把它放在座位底下，可是也放不下，只好把它放在座位前的空地上了。

　　我刚把箱子放好，背后就来了一个披着长发的姑娘。她拿着车票，对了对座位上的号码，她的座位恰好在我的对面。盯着放在座位中间的那只箱子，她的脸上露出了极其不满的神情。我知道，那只箱子毕竟太大了，不但会使她无法伸直腿，也会妨碍她走进走出。可是移到哪儿都不行，于是，我赶紧站起身来，向她解释了一下。她虽然没说什么，可脸色却像一块铁一样。显而易见，她的心里还是很不高兴。这都怪我，可又有什么办法呢？为了避开对方的眼睛，我们都把脸扭向窗外，假装看风景。因为长时间斜向一个方向，我的脖子又酸又痛。

两三个小时后，我觉得嗓子有点儿干，便从包里拿出一袋桔子，然后挑了两个特大的递给她。她有点儿惊讶，客气地说："不用，不用，谢谢啊！"我说："这是一种品种优良的桔子，尝尝吧。"这时，她不但礼貌地接下了，而且对我的态度也发生了转变。去餐车吃饭时，我们还抢着付钱。在边吃边聊的友好气氛中，大家建立起了友谊，下车前还相互交换了名片。

火车到了终点后，我们挥手告别。看着她越走越远，我忽然有了新的感想：在发生矛盾时，如果双方都能相互理解，都能退一步，站在对方的立场上考虑问题，那么就没有不能解决的问题。

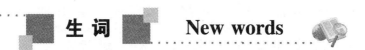

生词　　New words

1. 款	（量）	kuǎn	这款样式的衣服很好看。
2. 忍不住		rěnbuzhù	那个孩子打针时怕疼，忍不住哭了。 他骂我，所以我忍不住打了他。

第八课　箱子与桔子

3. 前后	（名）	qiánhòu	春节前后，商店里的人特别多。	
			我很喜欢黄山，前后去过四次。	
4. 堆	（量）	duī	桌子上有一堆书。	
			他把一堆衣服堆在床上。	
5. 实用	（形）	shíyòng	这个包很实用，可以放很多东西。	
			我要学有实用性的汉语。	
6. 耐用	（形）	nàiyòng	这个包很耐用，可以用很长时间。	
7. 体积	（名）	tǐjī	这辆车体积不大，占的面积也小。	
8. 反正	（副）	fǎnzhèng	无论你怎么请求，反正我不同意。	
			我们走路去吧，反正去那儿不远。	
9. 送行	（动）	sòngxíng	你回国时，我会去机场给你送行。	
10. 用力		yòng lì	这只箱子很重，你要用力拿。	
11. 搁	（动）	gē	这些书应该搁在书架上。	
12. 弯	（动）	wān	他弯下腰，把地上的书拿了起来。	
13. 企图	（动）	qǐtú	他企图欺骗我，可是我没有上当。	
14. 背后	（名）	bèihòu	他从我的背后走上来。	
			他背后背着一个双肩包。	
15. 披	（动）	pī	她的头发很长，披在肩上。	
16. 恰好	（副）	qiàhǎo	我带你去吧，恰好我也要去那儿。	
			你要去的地方恰好在我家附近。	
17. 盯	（动）	dīng	他盯着我看，我觉得很不舒服。	
18. 露	（动）	lù	他很高兴，脸上露出了笑容。	
19. 极其	（副）	jíqí	在学习上，他极其认真。	
20. 神情	（名）	shénqíng	你看他的神情，他肯定在恨你。	
21. 毕竟	（副）	bìjìng	现在不会冷了，毕竟已是春天了。	
			他毕竟老了，记忆力不行了。	

22. 伸	（动）	shēn	他伸出手，跟我握手。
23. 妨碍	（动）	fáng'ài	这张桌子放在中间会妨碍走路。
			妨碍～（交通/工作/学习）
24. 移	（动）	yí	你把这张桌子移到旁边去。
25. 铁	（名）	tiě	这把椅子是用铁制造的。
26. 怪	（动）	guài	司机不是故意绕路，你别怪他。
27. 避开	（动）	bìkāi	他来时，你为什么总是避开他？
28. 扭	（动）	niǔ	他打篮球时，脚扭了。
			我扭过头，不看他。
29. 假装	（动）	jiǎzhuāng	我遇到她时，她假装没看见我。
30. 斜	（动）	xié	这几棵树都斜向一个方向。
	（形）		他写的字不是正的，是斜的。
31. 脖子	（名）	bózi	看书的时间太长，脖子会酸。
32. 嗓子	（名）	sǎngzi	今天我的嗓子疼，可能感冒了。
33. 惊讶	（形）	jīngyà	他怎么离婚了？我感到很惊讶。
34. 优良	（形）	yōuliáng	每次考试，他的成绩都是优良。
			每个国家都有优良的传统文化。
35. 转变	（动）	zhuǎnbiàn	以前他不努力，现在转变了。
			他的学习态度发生了转变。
			转变～（观念/立场/方向）
36. 抢	（动）	qiǎng	你不能抢别人的东西。
			吃完饭后，大家都抢着付钱。
37. 挥	（动）	huī	上车后，他挥手跟我们告别。
38. 感想	（名）	gǎnxiǎng	你游览了北京以后，有什么感想？
39. 矛盾	（名）	máodùn	他常常和妻子发生矛盾。
	（形）		他说的那些话，前后是矛盾的。

第八课　箱子与桔子

| 40. 理解 | （动） | lǐjiě | 我还不理解这个词语的意思。
他生气是有原因的，你应该理解。 |
| 41. 立场 | （名） | lìchǎng | 你们发生矛盾时，应该站在对方的
立场上考虑问题。 |

一、根据课文内容回答下列问题

1. "我"到了上海后，为什么买了一只箱子？
2. 上了火车后，"我"为什么把箱子放在座位前？
3. 坐在"我"对面的姑娘为什么不满？
4. "我"向她解释了把箱子放在那儿的原因后，她仍旧怎么样？
5. "我"为什么拿出了包里的桔子？
6. "我"给她吃桔子时，情况发生了什么转变？
7. 从什么方面可以看出，"我"和她建立起了友谊？
8. 经历了这件事后，"我"的感想是什么？

二、读句子

1. 我见到那么多新款的衣服时，便忍不住大买特买起来，前后一共买了十几件。
2. 那只箱子重就重点儿吧，反正会有朋友来给我送行的。
3. 她拿着车票，对了对座位上的号码，她的座位恰好在我的对面。
4. 盯着放在座位中间的那只箱子，她的脸上露出了极其不满的神情。

5. 那只箱子毕竟太大了，不但会使她无法伸直腿，也会妨碍她走进走出。

6. 为了避开对方的眼睛，我们都把脸扭向窗外，假装看风景。

7. 她不但礼貌地接下了桔子，而且对我的态度也发生了转变。

8. 在发生矛盾时，双方应该互相理解，都能退一步。

9. 双方都站在对方的立场上考虑问题，那么就没有不能解决的问题。

三、选词填空

第一组： A. 忍不住　B. 假装　C. 转变　D. 建立　E. 理解

1. 那个孩子为了不去上课，常常（　　）生病。
2. 他的心情不好，是因为最近工作压力太大，你应该（　　）。
3. 他迟到后耽误了大家上车的时间，所以我（　　）批评了他。
4. 根据有关资料统计，那个地区贫富差距大的现象已经（　　）了。
5. 每个人都应该（　　）起道德意识，这样社会才会进步。

第二组： A. 前后　B. 避开　C. 妨碍　D. 企图　E. 抢

1. 如果要对这个问题加以研究，（　　）可能要花一年左右的时间。
2. 他曾经（　　）发明几种咖啡饮料，可是没有试验成功。
3. 大家都在排队等候上车，你怎么能不排队（　　）着上呢？
4. 警察说我把车停在这儿（　　）了交通，让我马上开走。
5. 为了（　　）上下班高峰时间，他每天很早就出门，很晚才回家。

第三组： A. 恰好　B. 毕竟　C. 惊讶　D. 极其　E. 神情

1. 在我们国家，那个地区的经济是（　　）繁荣的。

第八课　箱子与桔子

2. 从他脸上的（　　）来看，他是极其愤怒的。

3. 听说那儿唯一的交通工具就是自行车，我感到非常（　　）。

4. 你去山区前一定要先考察路况，（　　）山区的道路是比较危险的。

5. 服务员端给我们喝的那壶茶，（　　）是我最喜欢喝的。

四、辨析括号里的词，选择合适的词填空

1. 他自己忘了这件事，反而（　　）我没告诉过他。（怪/批评）

2. 这儿的夏天简直太热了，真让人（　　）。（忍不住/受不了）

3. 他送给我一件衣服，我穿上后大小（　　）。（恰好/正好）

4. 你马上就要结婚了，有什么（　　）啊？（感想/心得）

5. 她这么瘦还要减肥，我简直无法（　　）。（理解/了解）

五、判断指定的词语应该放在哪个位置

1. 听说门票是三百元，他的脸上 A 露出了 B 惊讶的 C 神情。（极其）

2. 他 A 只是个三岁的孩子，怎么 B 能理解什么 C 是道德呢？（毕竟）

3. A 去那儿的车费 B 贵就贵点儿吧，C 是老板付钱。（反正）

4. 他让我 A 请一些专家来指导，这 B 是我 C 考虑之中的事。（恰好）

5. 我的嗓子 A 干极了，B 见到这些桔子便 C 大吃特吃起来。（忍不住）

六、选择最接近画线词语意思的一种解释

1. 他们的工作节奏是快还是慢，我一点儿也不<u>知道</u>。

　　A. 理解　　　　　B. 了解　　　　　C. 明白

2. 你学汉语学了一年了，谈谈你的学习<u>心得</u>吧。

　　A. 感想　　　　　B. 感觉　　　　　C. 感到

3. 这儿是图书馆，你们别在这儿争论问题，这会**妨碍**别人看书的。
   A. 故障　　　　　B. 禁止　　　　　C. 影响

4. 他的力气太大了，竟然能推动一辆汽车，真让人感到**惊讶**。
   A. 吃惊　　　　　B. 异常　　　　　C. 奇怪

5. 现在，那个老板能自觉维护顾客的利益了，顾客也**转变**了对他的看法。
   A. 变化　　　　　B. 改变　　　　　C. 改造

七、用指定词语完成对话

1. A：听说去那儿的路很远，你花了多长时间才到的？（前后）
   B：_____

2. A：看到那些香味扑鼻的菜时，你感觉怎么样？（忍不住）
   B：_____

3. A：你的书架上搁不下那么多书了，把不用的书扔掉吧。（反正）
   B：我也想把它们扔了，_____

4. A：他的老板为什么对他这么愤怒？（矛盾）
   B：_____

5. A：上课时，你害怕老师问你问题吗？（避开）
   B：当然。所以我总是_____

6. A：他是老司机了，会不知道这些交通规则吗？（假装）
   B：这怎么可能？他只是_____

7. A：你把这些东西移到旁边去吧。（妨碍）
   B：这些东西占的地方不大，_____

8. A：你看，墙上的这台空调怎么是斜的？（怪）
   B：不是我安装的，_____

9. A：听说你的父母发生矛盾时，你总是站在爸爸的立场上。（转变）
   B：以前是这样，可现在我_____

10. A：目前，这两个国家之间的关系密切吗？（建立）
    B：是的。它们已经_____

八、用指定词语完成句子

1. 去沙漠旅游 _____，反正我是不怕艰苦的。（A 就 A 点儿吧）
2. 这种汽车不但很实用，而且 _____。（极其）
3. 这个装着电脑的箱子重量不轻，_____。（用力）
4. 她迫切地希望找到一份工作，_____。（毕竟）
5. 夫妻之间能互相理解，互相支持，_____。（矛盾）
6. 王华让我明天送他去机场，_____。（恰好）
7. 你在车上应该给老人让座，_____。（抢）
8. 他骗了我以后，_____，可是我不会保持沉默的。（企图）
9. 这个十来岁的孩子能说五种语言，_____。（惊讶）
10. 看了《"梦咖啡"的梦想》后，_____。（感想）

九、用指定词语写一段话

介绍一件两个人发生矛盾的事情，要求：

第一段：说明矛盾是怎样发生的，并尽量使用以下词语：
忍不住　恰好　妨碍　露出　极其　神情

第二段：说明发生矛盾后是怎样处理的，并尽量使用以下词语：
避开　假装　A 就 A 点儿吧　反正　毕竟　怪

第三段：说明你对处理这件事的感想，并尽量使用以下词语：
转变　交换　理解　退一步　站在……立场上

第九课

精打细算

1. 去旅游时怎样减少支出？
2. 在生活中，怎样做到精打细算？

李刚是个靠薪水生活的工薪族，也是一个极其喜欢旅游的人。因为每次旅游都是自费，而不是公费的，所以他出游时节约的意识特别强，并且很会精打细算。这表现在他每次出游时，总是想方设法地节约每一分钱。

我们单位不少职工都想去旅游，可是却从来没去过，因此对于旅游时该怎样节约，也没有什么概念。前天，一位同事请来了李刚，让他做了一个有关这个问题的讲座。

在讲座上，李刚说："既然大家都是工薪族，就不能脱离自身的经济条件，去旅游时应该能节约就节约。但是怎样才能节约，是

第九课 精打细算

有学问的。"接着，他根据多年的实践经验，总结了许多节约的办法。概括起来，有以下几种：

一是要选择好时间。就是说，最好避开旅游旺季，待到淡季时出游。按照一般的规律，淡季时很多宾馆都会有优惠，而且当地的物价也会比较低。相反，旺季时宾馆就会涨价，物价也准会上涨。掌握好这一点，就能节约不少钱。

二是要制订好计划。比如，提前购票或买来回票，一般会比较便宜。又如，要把各项活动和时间结合起来考虑，合理地分配时间。如果身体好的话，那么最好把整天的时间都排满。再如，要坐飞机的话，可以选择在飞机上过夜的航班，这样也能节约住宿和伙食的费用。

三是要控制好支出。出游时难免会买些东西，但千万不能盲目购物。比如，有些旅游用品虽然好，但不适用。又如，有些东西好是好，不过买来后一点儿用处也没有，扔了又觉得可惜。另外，不要片面地以为贵的东西就一定好。尤其是一些商店销售的珠宝、玉器，对于没有深入研究过的人来说，很难准确地知道其实际价值是多少。如果花了很多钱，但买来的是假货，那就太倒霉了。

总而言之，对于工薪族来说，要是去旅游，就得综合考虑各种因素，并始终贯彻节约的原则。只有这样，才能既玩儿得开心，又花费较少。

生词 New words

1.	精打细算	（成）	jīng dǎ xì suàn	我要精打细算，节约每一分钱。
2.	支出	（动）	zhīchū	每个月，我要支出一千元伙食费。
3.	薪水	（名）	xīnshuǐ	他每个月的薪水是三千元。
4.	自费	（名）	zìfèi	我是自费来中国留学的。
5.	公费	（名）	gōngfèi	他公费去考察国外的交通管理。
6.	节约	（动）	jiéyuē	你要节约，不要浪费。
7.	职工	（名）	zhígōng	公司的职工中大部分是年轻人。
8.	概念	（名）	gàiniàn	我没学过德语，对德语没有概念。
				这样做对不对，概念一定要清楚。
9.	同事	（名）	tóngshì	我和他在一个单位工作，是同事。
10.	讲座	（名）	jiǎngzuò	王老师要做一个道德问题讲座。
11.	脱离	（动）	tuōlí	你的想法是脱离现实的。
				他们早已脱离父子关系了。
12.	学问	（名）	xuéwèn	王老师是一个有学问的人。
				怎样节约，是有学问的。
13.	实践	（动）	shíjiàn	学了这些汉语句子后，还要多实践。
14.	总结	（动）	zǒngjié	失败的原因有很多，要总结一下。
				总结～（经验/工作/意见）
15.	概括	（动）	gàikuò	大家的意见概括起来有两点。
				我概括出失败的原因有两点。

第九课　精打细算

16.	旺季	（名）	wàngjì	现在是旅游旺季，到处都是游人。
17.	待	（动）	dài	你先走吧，我待他来了后再走。
18.	淡季	（名）	dànjì	我待到旅游淡季时再去北京。
19.	规律	（名）	guīlǜ	他的日常生活很有规律。
20.	优惠	（形）	yōuhuì	老板说可以给我优惠的价格。
				现在买这种电脑有优惠。
21.	相反	（连）	xiāngfǎn	哥哥爱学习。相反，弟弟爱玩儿。
		（形）		我和他的意见完全相反。
22.	涨	（动）	zhǎng	下了大雨后，河水涨了。
				现在物价上涨，大米也涨价了。
23.	掌握	（动）	zhǎngwò	经过学习，我掌握了电脑技术。
				掌握～（知识/情况/命运）
24.	结合	（动）	jiéhé	学习的知识要和实践结合起来。
				恋爱了十年后，他俩终于结合了。
25.	分配	（动）	fēnpèi	你怎样分配学习和休息的时间？
				这间屋子是单位分配给我的。
26.	伙食	（名）	huǒshí	学校食堂的伙食不错。
27.	难免	（副）	nánmiǎn	孩子很晚不回家，我难免会担心。
28.	千万	（副）	qiānwàn	你千万不能去赌博。
29.	盲目	（形）	mángmù	我们千万不能盲目相信广告。
30.	适用	（形）	shìyòng	这种汽车不错，但去沙漠不适用。
31.	用处	（名）	yòngchu	这些书没有什么用处，扔掉吧。
32.	片面	（形）	piànmiàn	你的看法太片面，不全面。

33.	珠宝	（名）	zhūbǎo	这些珠宝很漂亮。
34.	玉器	（名）	yùqì	这些玉器的价格都很贵。
35.	准确	（形）	zhǔnquè	他的汉语发音还不太准确。
				我不知道这些玉器的准确价格。
36.	其	（代）	qí	我见过他，但不知道其姓名。
37.	实际	（形）	shíjì	他说的跟实际情况不一样。
		（副）		他说不想去，实际上他很想去。
38.	价值	（名）	jiàzhí	这些玉器的实际价值是多少？
				他的研究很有价值，应该重视。
				这些珠宝的价值是100万。
39.	货	（名）	huò	堆在这里的货，都是那个商店的。
40.	总而言之		zǒng ér yán zhī	这只箱子有很多用处，总而言之，很实用。
41.	综合	（动）	zōnghé	要解决这个问题，需要综合考虑。
42.	贯彻	（动）	guànchè	在生活中，你要贯彻节约的原则。
				贯彻～（规定/政策/精神）

练习   Exercises

一、根据课文内容回答下列问题

1. 李刚出游时的节约意识为什么特别强？
2. 同事为什么请李刚来做讲座？
3. 李刚为什么说出游时应该尽量节约？

4. 李刚总结出的节约办法，概括起来有几种？

5. 如果要去旅游，最好选择什么时候去？

6. 在制订旅游计划时，应该怎样合理地安排时间？

7. 出游时，怎样做到控制好支出？

8. 李刚认为只有怎么做，才能既玩儿得开心，又花费较少？

二、读句子

1. 他说，既然大家都是工薪族，去旅游时就不能脱离自身的经济条件。

2. 他总结的办法概括起来，有以下几种。

3. 出游时要选择好时间。就是说，要避开旅游旺季，待到淡季时出游。

4. 淡季时很多宾馆都会有优惠，相反，旺季时宾馆就会涨价。

5. 你们要把各项活动和时间结合起来考虑，合理地分配时间。

6. 出游时，难免会买些东西，但千万不能盲目购物。

7. 有些东西好是好，不过买来后一点儿用处也没有。

8. 这些珠宝对于没有深入研究过的人来说，很难准确地知道其实际价值是多少。

9. 节约的办法很多，总而言之，要综合考虑各种因素，并贯彻节约的原则。

三、选词填空

第一组：A. 准确   B. 适用   C. 盲目   D. 规律   E. 优惠

1. "胖"这个词很实用，但是不（　　）于说明鞋子的大小。

2. 如果学习的目的不明确，那么就是一种（　　）的学习。

3. 老师，如果我再延长学习一年，学费有没有（　　）呢？

4. 买房的人多，房价就会上涨，相反就会下降，这是市场（　　）。

5. 这件事已经过去很久了，发生的时间我说不（　　）了。

第二组：A. 概括　B. 贯彻　C. 实际　D. 脱离　E. 综合

　1. 这套房子的（　　）面积是多少平方米，我还没有计算过。

　2. 听了这个报告后，你的心得是什么？能（　　）地说一下吗？

　3. 他说，今后一定要精打细算。但是，我看他很难（　　）这一点。

　4. 自驾游前，要（　　）考虑车况、气象、路况，以及成本等问题。

　5. 他制订的这个计划是（　　）实际的，根本不可能实现。

第三组：A. 实践　B. 掌握　C. 总结　D. 结合　E. 分配

　1. 除非老板（　　）我去干那件事，否则我是不会去干的。

　2. 各国政府都认为，发展经济要和保护环境（　　）起来。

　3. 你还没有（　　）沿途的气象情况，怎么能匆忙上路呢？

　4. 我没有用这种新的教学方法教过学生，需要（　　）后才能知道是否适用。

　5. 你的工作经验很丰富，（　　）出来后告诉新职工，对他们会很有用的。

四、辨析括号里的词，选择合适的词填空

　1. 别人批评你时，你应该用（　　）的态度来对待。（正确/准确）

　2. 怎样繁荣经济，需要把各方面因素（　　）起来研究。（综合/总结）

　3. 我们都假装看风景，（　　）上是为了避开对方的眼睛。（实际/现实）

　4. 这种教学方法不错，但对水平低的学生不一定（　　）。（实用/适用）

　5. 他受的伤很严重，去医院治疗后才（　　）了危险。（脱离/离开）

第九课　精打细算

五、判断指定的词语应该放在哪个位置

1. 如果你的头 A 长时间 B 斜向一个方向，那么脖子 C 会酸的。（难免）
2. 你毕竟是个工薪族，A 购物时 B 不能脱离 C 自身的经济条件。（千万）
3. 你不要 A 地认为开一辆新车就能 B 保证旅途中的 C 安全。（片面）
4. 对于这件事，A 她不满是不满，B 脸上没有 C 表现出来。（不过）
5. 那只箱子 A 既实用 B 又耐用，不过 C 体积却很大。（其）

六、选择最接近画线词语意思的一种解释

1. 这个超市的商品<u>价格</u>比较便宜。
　　A. 价值　　　　B. 价钱　　　　C. 金钱
2. 做这个菜时，关键是要<u>掌握</u>好时间。
　　A. 控制　　　　B. 保持　　　　C. 理解
3. 这些化妆品虽然很好，但对男人来说不<u>适用</u>。
　　A. 适当　　　　B. 合适　　　　C. 恰好
4. 他毕竟是个孩子，对什么叫"道德"还没有<u>概念</u>。
　　A. 认识　　　　B. 观点　　　　C. 看法
5. 你用汉语表达这个意思时，用的词语不太<u>准确</u>。
　　A. 正确　　　　B. 确实　　　　C. 明确

七、用指定词语完成对话

1. A：这是一种品种优良的苹果，我们买一些尝尝吧。（既然）
　　B：好吧。_____
2. A：随着经济的发展，环境也被污染了，这是一个教训啊！（总结）
　　B：是啊！我们应该 _____
3. A：他们都买了私家车，收入一定都很高吧？（片面）
　　B：你的看法 _____，实际上是他们父母出的钱。

85

4. A：如果我要减肥的话，是不是既要注意饮食，又要运动？（结合）
   B：是的。你应该 _____

5. A：你大学毕业一年了，怎么还找不到工作呢？（实践）
   B：这是因为 _____

6. A：自驾游前，除了要考察旅途的路况，还要做什么？（掌握）
   B：我认为，还要 _____

7. A：你别勉强我去运动，我工作够忙的，哪儿有时间去啊！（分配）
   B：事业和身体都很重要，你应该合理 _____

8. A：那个店的东西在打折，价格很优惠，我们去买一些吧。（盲目）
   B：你别 _____，可能买来后一点儿用处也没有。

9. A：她说自己减肥的原则是只吃素，不吃荤。（贯彻）
   B：我觉得 _____

10. A：你看了《箱子与桔子》这篇课文后，有什么感想？（总而言之）
    B：_____

八、用指定词语完成句子

1. 近几年，全球气候异常，_____。（规律）
2. 在这儿生活每个月 _____，我还没有计算过。（支出）
3. 你的行李搁在她的座位前，_____。（难免）
4. 你现在的生意不太好，但是你应该坚持下去，_____。（千万）
5. 她一见到好东西就要买，根本没有 _____。（概念）
6. 双方能互相理解，就不会发生矛盾。_____。（相反）
7. 自驾游的优点有很多，_____。（概括）
8. 他以为自己有本事发明新产品，_____。（脱离）
9. 你别给我买电脑，因为我去的地区没有电，_____。（适用）
10. 这些东西 _____，不过留着也没用。（A是A，……）

第九课　精打细算

九、用指定词语写一段话

介绍你在生活中是怎样精打细算的，要求：

第一段：说明你为什么要精打细算，并尽量使用以下词语：

　　　　靠　　概念　　脱离　　意识　　支出　　分配　　贯彻

第二段：说明你精打细算的办法有哪些，并尽量使用以下词语：

　　　　实践　　总结　　概括　　掌握　　结合　　综合　　总而言之

第三段：说明你精打细算的几件事情，并尽量使用以下词语：

　　　　难免　　用处　　适用　　片面　　优惠　　A是A，不过……

第十课

冬天的哈尔滨

 你知道吗？

1. 哈尔滨的冬天是什么样的？
2. 刚开始学习滑冰时常常会怎么样？

 课文　Text

去哈尔滨前，一位东北朋友再三嘱咐我："那儿冬天的路上不是雪就是冰，你走路时，可千万得当心，否则，一不小心就会摔倒。"到了那儿后，我才知道这是真实的。地上的雪非常厚，不少地方因为行人走来走去，雪都被脚步压成了冰，整个哈尔滨就像一个巨大的溜冰场。

我从来没接受过滑冰训练，根本没有滑冰的基础，每次在冰上走，都好像是完成一件极其艰巨的任务。有一次，我在一座通往郊区的桥梁上走时，脚下一滑，心里一慌，没站稳就跌倒了。虽然把腿上的皮肤都摔破了，还流了血，但还好没把腿摔断。从此，我一踩上有

第十课 冬天的哈尔滨

冰的路时,就难免会吓得发抖,只敢走那些冰上撒了沙子的路了。

在那儿,我最佩服的是那些天真的孩子。他们走路时,偏偏要拣有冰的地方走,而且个个都有巧妙的滑冰本领。有些孩子穿的虽然不是冰鞋,而是球鞋,但腰一弯,胳膊一甩,腿一蹬,就能迅速地从冰上溜过去,太妙了!一些孩子还展开了竞赛,比谁的速度快。有一次,我看到两个孩子平行前进时,因为相互之间靠得太近,一下子躲不开,相撞后就跌倒了。但他们爬起来后,又继续比赛起来。看着这些勇敢的孩子,真让我觉得惭愧。

在哈尔滨的冬天,汽车的车窗上常常有很厚的霜,望出去什么都看不见。有一次,我在车上见到一位年轻的母亲,带着一个才五六岁的女孩儿。那孩子坐在靠车窗的座位上,把自己编的故事说给妈妈听,说得既有趣又生动。说完后,那孩子跪在椅子上,先对着窗玻璃上的霜用力哈气,然后伸出又胖又嫩的小手,用手指在哈过气的地方挖了一个小孔,望着外面雪白的世界。接着,她又用手代替笔,在玻璃上写了两个歪歪扭扭的字"不冷"。我心里想:从小就不怕寒冷的孩子,将来一定会有战胜一切困难的力量。

生词　New words

1. 嘱咐	(动)	zhǔfù	妈妈嘱咐孩子,过马路要当心。
2. 摔	(动)	shuāi	他走路时不小心摔倒了。
			他生气地把杯子摔在地上。

3. 厚	（形）	hòu	这本书很厚，那本书很薄。
4. 压	（动）	yā	他摔倒后，自行车压在他的腿上。
5. 溜	（动）	liū	他在冰上溜冰。
			老师不注意的时候，他溜出去了。
6. 训练	（动）	xùnliàn	老师正在训练学生的口语能力。
			训练～（动物/本领/技术）
7. 基础	（名）	jīchǔ	我没学过英语，没有英语基础。
			要学好汉语，就一定要打好基础。
8. 艰巨	（形）	jiānjù	设计飞机是一项艰巨的任务。
9. 通	（动）	tōng	这条马路可以通高速公路。
10. 桥梁	（名）	qiáoliáng	工人们在建造一座桥梁。
11. 滑	（动）	huá	这条路上有冰，非常滑。
			他的脚一滑，摔倒了。
12. 慌	（形）	huāng	我没有复习，考试时心里很慌。
13. 稳	（形）	wěn	这辆车开得不稳，乘客都站不稳了。
14. 跌	（动）	diē	他脚下一滑，没站稳，就跌倒了。
			最近房价跌了，而且下跌了不少。
15. 皮肤	（名）	pífū	这种化妆品不适合我的皮肤。
16. 流	（动）	liú	水从山上流下来。
17. 血	（名）	xiě	他的皮肤摔破了，还流了血。
18. 断	（动）	duàn	老师写字时太用力，把粉笔压断了。
			他跌倒后，腿摔断了。
19. 踩	（动）	cǎi	这里的草地不能踩。

第十课　冬天的哈尔滨

20. 撒	（动）	sǎ	这个汤里要撒一些盐。	
21. 天真	（形）	tiānzhēn	小孩子都是很天真的。	
22. 偏偏	（副）	piānpiān	父母让他学习，可他偏偏不学。 我去他家找他，可他偏偏不在家。	
23. 拣	（动）	jiǎn	他吃饭时，只拣好吃的东西吃。 你把地上的衣服拣起来。	
23. 巧妙	（形）	qiǎomiào	他骗人的手段很巧妙。 这辆车设计得很巧妙。	
25. 本领	（名）	běnlǐng	开飞机是需要本领的。	
26. 胳膊	（名）	gēbo	他摔倒后，胳膊摔断了。	
27. 甩	（动）	shuǎi	她甩了一下胳膊，生气地走了。 听说，他把他的女朋友甩了。	
28. 蹬	（动）	dēng	骑自行车上坡时要用力蹬。	
29. 妙	（形）	miào	你的出游计划既实用又节约，太妙了！	
30. 竞赛	（动）	jìngsài	这两个班正在展开学习竞赛。	
31. 平行	（形）	píngxíng	这条路跟那条路是平行的。	
32. 躲	（动）	duǒ	你看，汽车来了，快躲开！ 下雨了，咱们找个躲雨的地方吧。	
33. 撞	（动）	zhuàng	那辆车撞了我，把我撞倒了。	
34. 勇敢	（形）	yǒnggǎn	他敢爬那座很危险的山，真勇敢！	
35. 惭愧	（形）	cánkuì	他因为没考好而感到很惭愧。	
36. 霜	（名）	shuāng	今天是零度，草地上都是霜。	

37.	编	（动）	biān	王老师要编一本汉语词典。
				这个故事是他编的，不是真实的。
38.	生动	（形）	shēngdòng	他表演动物时，表演得很生动。
39.	哈	（动）	hā	你擦眼镜时，要先往镜片上哈气。
40.	嫩	（形）	nèn	这个孩子的皮肤又白又嫩。
41.	挖	（动）	wā	种树前，要先挖土。
42.	孔	（名）	kǒng	这张纸上有一个孔。
43.	歪	（形）	wāi	你写的这个字写歪了。
44.	战胜	（动）	zhànshèng	只有不怕困难，才能战胜困难。

练习 Exercises

一、根据课文内容回答下列问题

1. 冬天的哈尔滨是什么样的？
2. "我"为什么会在冰上摔倒？
3. "我"摔倒后怎么样了？
4. 孩子们是怎样滑冰的？
5. 有的孩子在竞赛时为什么会跌倒？
6. 车上的女孩儿跟妈妈说了什么？她说得怎么样？
7. 这个女孩儿说完后做了什么？
8. "我"认为这个女孩儿将来一定会怎么样？

第十课　冬天的哈尔滨

二、读句子

1. 那儿冬天的路上不是雪就是冰。
2. 不少地方因为行人走来走去，雪都被脚步压成了冰。
3. 我脚下一滑，心里一慌，没站稳就跌倒了。
4. 虽然把腿上的皮肤都摔破了，还流了血，但还好没把腿摔断。
5. 那些天真的孩子偏偏要拣有冰的地方走。
6. 他们腰一弯，胳膊一甩，腿一蹬，就能迅速地从冰上溜过去，太妙了！
7. 两个孩子因为相互之间靠得太近，一下子躲不开，相撞后就跌倒了。
8. 那个才五六岁的女孩儿说了一个自己编的故事，说得既有趣又生动。
9. 从小就不怕寒冷的孩子，将来一定会有战胜一切困难的力量。

三、选词填空

第一组：A. 天真　B. 稳　C. 慌　D. 压　E. 踩

1. 你别（　　），慢慢走吧，反正上课的时间还早呢。
2. 这整个箱子里都是玻璃杯，你别把重的东西（　　）在上面。
3. 上车时，他（　　）了我的脚，我疼得忍不住叫了一声。
4. 司机突然发动了汽车，我一下子没站（　　），就摔倒了。
5. 你以为店老板真的会给你优惠吗？你太（　　）了！

第二组：A. 嘱咐　B. 训练　C. 代替　D. 战胜　E. 甩

1. 因为有很多雪花掉在她的头上，所以她用力（　　）了一下头发。
2. 父母再三（　　）我，出游时千万不要盲目购物。

3. 医生打算采用中西医结合的治疗方法，帮助他（　　）疾病。

4. 在溜冰场上，一位教练在（　　）孩子们滑冰的本领。

5. 李教授既有学问，又有实践经验，我可没本事（　　）他上课。

第三组：A. 偏偏　B. 生动　C. 惭愧　D. 巧妙　E. 基础

1. 开始学习汉语时，一定要先打好（　　）。

2. 我让她节约一点儿，可她（　　）要拣那些很贵的东西买。

3. 老师让我概括这篇课文的意思，可我没这本事，真（　　）啊！

4. 这些照片（　　）地展示了普通市民的生活。

5. 每当同事之间发生矛盾时，他都能用一些（　　）的方法来解决。

四、辨析括号里的词，选择合适的词填空

1. 这棵大树相当高，你有（　　）爬上去吗？（本事/本领）

2. 现在是工作时间，你怎么能（　　）在这里睡觉呢？（躲/避）

3. 当他（　　）地把十元变成一百元时，我们都惊讶极了。（妙/巧妙）

4. 我知道你很愤怒，可是别（　　）东西啊！（摔/跌）

5. 明天，我们班要和他们班（　　）足球。（竞赛/比赛）

五、判断指定的词语应该放在哪个位置

1. 老板企图 A 骗我 B 买假的名牌衣服，可我 C 不上他的当。（偏偏）

2. 在 A 黑暗中，他开上了 B 往市区 C 的路，然后就消失了。（通）

3. 那个孩子 A 四五岁，当然 B 掌握不了 C 复杂的滑冰技巧。（才）

4. 那棵树倒 A 下来后，压 B 在他的腿上，把他的腿压 C 了。（断）

5. 他平时不是 A 玩儿，B 睡觉。可想而知，父母 C 有多生气了。（就是）

第十课　冬天的哈尔滨

六、选择最接近画线词语意思的一种解释

1. 他们让我当总经理，可我怎么有能力担任这项工作呢？
   A. 本事　　　　B. 本领　　　　C. 力气

2. 他挥动胳膊，用力把篮球甩给了跑在前边的队员。
   A. 摔　　　　　B. 扔　　　　　C. 跌

3. 今天，我买的这件衣服才三十来块，价钱够便宜的。
   A. 刚　　　　　B. 只　　　　　C. 单

4. 他从我对面走了过来，然后不住地对着我笑，让我感到莫名其妙。
   A. 往　　　　　B. 从　　　　　C. 向

5. 我嫌这个菜的味道不够鲜，所以又撒了一些鸡精。
   A. 铺　　　　　B. 搁　　　　　C. 捧

七、用指定词语完成对话

1. A：你学习滑冰的时候，妈妈对你说了什么？（嘱咐）
   B：_____

2. A：这些姑娘采用的减肥方法是什么？（不是……，就是……）
   B：她们采用的方法 _____

3. A：刚才，王华连续喝了几杯白酒，现在能骑车吗？（歪歪扭扭）
   B：你看，他走路 _____

4. A：他们在这儿聊天，会妨碍别人工作的。你说他们了吗？（偏偏）
   B：我已经 _____

5. A：听说他一见到你，就要教训你几句，是这样吗？（躲）
   B：是的。所以 _____

6. A：如果你看到一辆车对着你开过来，你会怎么样？（撞）
   B：我会迅速地避开，以避免 _____

7. A：老板不给我们加班费，我们应该维护自己的权益吗？（勇敢）
   B：当然。你们 _____

8. A：用什么方法来掌握好汉语，老师对你们说过吗？（A来A去）

　　B：当然说过。_____

9. A：在明天的比赛中，你觉得自己能赢对手吗？（战胜）

　　B：_____

10. A：这辆自行车能折起来放在书包里，很有创造性。（巧妙）

　　B：对。从构造上看，这辆车_____

八、用指定词语完成句子

1. 我没有及时地完成这项艰巨的任务，难免_____。（惭愧）
2. 学生不明白"蹬"的意思，老师就用动作_____。（生动）
3. 他滑雪时站不稳，是由于_____。（训练）
4. 为了比谁堆的雪人多，孩子们_____。（竞赛）
5. 如果你以为广告上说的都是真实的，那么_____。（天真）
6. 那个小男孩儿常常利用父母去菜市场的机会，_____。（溜）
7. 哪怕你不爱干累的活儿，也不能只_____。（拣）
8. 老师一再说，要掌握好汉语，_____。（基础）
9. 老师让我编一个故事，可我不会，所以_____。（代替）
10. 要准确地知道这些珠宝的实际价值，_____。（本领）

九、用指定词语写一段话

介绍你参加的一项体育运动，要求：

第一段：说明你是什么时候开始参加这项运动的，并尽量使用以下词语：

　　　　接受　　训练　　基础　　艰巨　　本领

第二段：说明这项运动的特点，并尽量使用以下词语：

　　　　摔　　跌　　压　　甩　　蹬　　撞　　滑

第三段：说明某次比赛的情况，并尽量使用以下词语：

　　　　竞赛　　慌　　稳　　躲　　巧妙　　惭愧　　勇敢　　战胜

第十一课　能不能穿睡衣出门

能不能穿睡衣出门

你知道吗?

1. 有些人为什么穿睡衣出门?
2. 人们对于穿睡衣出门的看法有哪些?

课文　　Text

前几年，在上海的一份报纸上，曾经发表过一篇文章。文章描写了有些市民穿着睡衣出门的现象，并指出这是一种不文明的表现。作者还突出地强调说，政府应该管一下，要制定一个规定，不允许市民穿着睡衣上街，以维护社会的文明。

这篇文章很快就传播开来了，并引起了广泛的争论。有的人拥护作者的看法，认为上海是一座现代化城市，穿睡衣出门确实不像话，不符合城市的形象，所以市民应该具有这方面的觉悟。可有的人则表示反对，认为穿睡衣出门是个人的自由，也没有违反法律，所以政府不应该管，更不能采取命令的手段。同时，他们还认为，就是政府有这方面的规定,也不见得会有用,因为很多人是不会服从的,也许根本无法执行。

其实,在许多年以前,睡衣是一种"奢侈品",通常是城里有钱人穿的。直至20世纪70年代,睡衣才逐渐流行起来。当时,在一些市民中,普遍有这样的一种想法:印着花的睡衣不但漂亮,穿上后还能显示自己的生活比较舒适。

此外,有些人穿睡衣出门,也是有现实原因的。概括起来说,主要有两个方面的因素:一是以前不少市民居住的房子里,通常住着几户人家,公共场所和私人空间根本无法隔开,也不可能走出走进都要换衣服。二是有些比较懒的人觉得,反正去外边散步或购物,又不是上班或出席正式的会议,衣服换来换去多麻烦啊!于是,索性就穿着睡衣上街了。

由此可见,在看待这个问题上,应该把各种因素综合起来。从主观上说,穿睡衣出门确实不太像话,但从客观上说,这也是与现实生活状况密切相关的。然而,无论怎么说,上海毕竟是一个国际化的大城市,又是举办世博会的城市,人们的穿着是不是得体,也直接关系到全世界对上海的印象。因此,市民在不适宜穿睡衣的地方,最好尽量别穿睡衣,从而让城市能有一个更好的面貌。

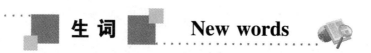

生词 New words

1. 发表　（动）　fābiǎo　　他在报纸上发表了一篇文章。
　　　　　　　　　　　　　发表～(论文/意见/看法)

第十一课　能不能穿睡衣出门

2. 描写	（动）	miǎoxiě		这篇课文描写了杭州的风景。
3. 指出	（动）	zhǐchū		老师指出了我学习上的缺点。
				他指出，一定要重视环境保护。
4. 文明	（形）	wénmíng		现在是文明社会，我们要讲文明。
				乱扔垃圾是不文明的。
5. 突出	（形）	tūchū		在我们班，他的学习成绩很突出。
				他突出地指出了赌博的害处。
6. 强调	（动）	qiángdiào		经理强调说，职工绝对不能迟到。
				他迟到后，总是强调理由。
7. 制定	（动）	zhìdìng		我们公司要制定新的规定。
8. 传播	（动）	chuánbō		这是一个传播中国文化的学校。
				那个消息很快传播开来了。
9. 广泛	（形）	guǎngfàn		我想广泛阅读文化方面的书。
				这个问题引起了广泛的讨论。
10. 拥护	（动）	yōnghù		我拥护医院里禁止吸烟的规定。
				拥护～（决定/政策）
11. 不像话		bú xiànghuà		你乱扔垃圾，太不像话了！丙
12. 符合	（动）	fúhé		他说的话符合实际情况。
				符合～（要求/标准/想法）
13. 形象	（名）	xíngxiàng		他长得很帅，形象很好。
				环境不好会影响城市的形象。
14. 觉悟	（名）	juéwù		以前，他没有努力学习的觉悟，
	（动）			现在他觉悟到学习是很重要的。

15.	反对	（动）	fǎnduì	我反对他的观点。
16.	法律	（名）	fǎlǜ	我们要遵守国家的法律。
17.	命令	（动）	mìnglìng	爸爸命令他完成这些作业。
18.	不见得	（副）	bújiàndé	A：便宜的东西一定不好。 B：不见得。
19.	服从	（动）	fúcóng	这是老板的命令，我只能服从。 服从～（决定/意见）
20.	执行	（动）	zhíxíng	这个命令你要服从，并且还要认真执行。 *执行～（规定/计划/纪律）
21.	奢侈	（形）	shēchǐ	他的生活很奢侈，常常买奢侈品。
22.	通常	（副）	tōngcháng	成人的记忆力通常不如孩子。 通常来说，淡季时宾馆会有优惠。
23.	至	（动）	zhì	我买了上海至北京的飞机票。 这儿七月至九月通常比较热。
24.	普遍	（形）	pǔbiàn	现在，买私家车的现象已很普遍。 人们普遍认为，应该讲文明。
25.	印	（动）	yìn	这件衣服上印着花。 他的形象一直印在我的脑海里。
26.	显示	（动）	xiǎnshì	他买奢侈品，是为了显示富有。 她心里不满，这显示在她的脸上。
27.	舒适	（形）	shūshì	这里四季如春，环境也很舒适。
28.	居住	（动）	jūzhù	现在很多年轻人在城里上班，但却居住在效区。

第十一课　能不能穿睡衣出门

29. 场所	（名）	chǎngsuǒ	这里是公共场所，不能吸烟。
30. 隔	（动）	gé	我家和他家隔一条马路。
			客厅和厨房要隔开。
			这种药隔四个小时吃一片。
31. 懒	（形）	lǎn	他很懒，还喜欢睡懒觉。
32. 正式	（形）	zhèngshì	参加正式会议，要穿正式的服装。
33. 索性	（副）	suǒxìng	这台电脑修不好了，索性扔了吧。
34. 主观	（形）	zhǔguān	从主观上说，我是想认真学习的。
35. 客观	（形）	kèguān	我们要客观地看待这个问题。
36. 举办	（动）	jǔbàn	2008年，中国举办了奥运会。
37. 穿着	（名）	chuānzhuó	她的穿着很朴素。
38. 得体	（形）	détǐ	参加正式的会议，穿着要得体。
			(言语/行为)～得体
39. 适宜	（形）	shìyí	有适宜的光线，才能把照片拍好。
			这种水果适宜在南方生长。
40. 面貌	（名）	miànmào	在黑暗中，我看不清他的面貌。
			这儿经过改造后，有了新的面貌。

练习　Exercises

一、根据课文内容回答下列问题

1. 在报纸上，曾经发表过一篇什么文章？
2. 对于穿睡衣出门的问题，这位作者的观点是什么？

3. 有的人为什么同意这位作者的观点？

4. 有的人为什么反对这位作者的观点？

5. 睡衣是什么时候逐渐流行起来的？

6. 以前，在穿睡衣出门的人中，普遍有一种怎样的想法？

7. 有些人穿睡衣出门的客观原因是什么？

8. 为什么应该尽量别穿睡衣上街？

二、读句子

1. 报纸上曾经发表过一篇文章，描写了有些市民穿着睡衣出门的现象。

2. 作者指出，穿睡衣出门是一种不文明的表现。

3. 这篇文章很快就传播开来了，并引起了广泛的争论。

4. 有的人认为穿睡衣出门确实不像话，不符合城市的形象。

5. 他们说，就是有规定，也不见得会有用，很多人是不会服从的。

6. 有些人穿睡衣上街，是为了显示自己的生活比较舒适。

7. 去外边购物，又不是出席正式的会议，衣服换来换去多麻烦啊！

8. 有些人嫌换衣服太麻烦，于是索性就穿着睡衣上街了。

9. 人们的穿着是不是得体，也直接关系到全世界对上海的印象。

三、选词填空

第一组：A. 发表　B. 描写　C. 传播　D. 制定　E. 举办

1. 是不是该管一下乱停车的现象，大家纷纷（　　）了意见。

第十一课 能不能穿睡衣出门

2. 明年冬天，学校要在这个溜冰场（　　）一场滑冰比赛。
3. 这是国家（　　）的法律，我们都应该遵守。
4. 在这篇文章中，作者（　　）了孩子们巧妙的滑冰本领。
5. 我们学校开设这些课程是为了（　　）中国文化知识。

第二组：A. 得体　B. 广泛　C. 突出　D. 适宜　E. 服从

1. 在这个关于健康的讲座上，他（　　）强调了吸烟的危害性。
2. 你怎么穿着运动服来出席正式的会议，太不（　　）了！
3. 这里四季如春，环境舒适，是一个（　　）人类居住的地方。
4. 少数人的意见应该（　　）多数人的意见。
5. 我跟他有很多相似的地方，我们的兴趣爱好都十分（　　）。

第三组：A. 觉悟　B. 索性　C. 显示　D. 执行　E. 普遍

1. 因为行李架上搁不下这个箱子，我就（　　）把它放在座位前了。
2. 从表面上看，这台电视机还很新，其实已经坏了，图像（　　）不出来了。
3. 他把自己所有的钱都输掉后，才（　　）到赌博是有害的。
4. 在中国，春节时大吃大喝的现象还比较（　　）。
5. 政府规定不能用公费去旅游，各单位都必须（　　）这个规定。

四、辨析括号里的词，选择合适的词填空

1. 这是老板的命令，我们不得不（　　）。（执行/贯彻）
2. 他一再请求爸爸买一台电脑，可是爸爸不（　　）。（拥护/同意）
3. 在（　　）的情况下，皮肤摔破后会流血。（通常/常常）
4. 这里的气候对香蕉的生长不太（　　）。（适宜/适当）
5. 天气很热，但房间里有空调，所以我睡得很（　　）。（舒适/舒服）

五、判断指定的词语应该放在哪个位置

1. 因为 A 买不到 B 去北京的往返票，所以我 C 不去北京了。（索性）
2. 李芳的穿着 A 不怎么时尚，但她的收入 B 比不上 C 你。（不见得）
3. 一般来说，经济 A 不发达的 B 地区，C 贫富差距也比较大。（通常）
4. 政府要 A 开展 B 保护环境的工作，让 C 人民的生活更美好。（广泛）
5. 我 A 不是专家，怎么 B 知道 C 这些珠宝的实际价值呢？（又）

六、选择最接近画线词语意思的一种解释

1. 具有<u>广泛</u>的知识，是成为一名优秀教师的基础。
   A. 大量　　　　　B. 广大　　　　　C. 重大
2. 对身体比较弱的人来说，散步是一个比较<u>适宜</u>的锻炼方法。
   A. 适用　　　　　B. 得体　　　　　C. 适当
3. 这件事就是你跪下来请求他，他也<u>不见得</u>会同意。
   A. 不一定　　　　B. 可能　　　　　C. 一定
4. 对于政府制定的这个法律，我们都表示坚决<u>拥护</u>。
   A. 同意　　　　　B. 支持　　　　　C. 理解
5. 在这场竞赛中，他充分<u>显示</u>出了巧妙的滑冰本领。
   A. 表现　　　　　B. 表达　　　　　C. 表示

七、用指定词语完成对话

1. A：在你们的交谈中，他谈到了节约的问题吗？（指出）
   B：他谈到了，并 _____
2. A：澳门人的生活和工作节奏都不快，这表现在什么方面？（突出）
   B：_____

第十一课　能不能穿睡衣出门

3. A：我们应该讲文明，可有的人上车时偏偏要抢座位。（不像话）
   B：_____

4. A：这项任务确实很艰巨，但是你还是应该完成。（从主观上说）
   B：_____

5. A：如果市民都没有讲文明的觉悟，那么会怎么样呢？（形象）
   B：_____

6. A：你看，门票的价格定在三百元，物价部门会批准吗？（不见得）
   B：这个价格太高了！我看，_____

7. A：他想发明一种无人驾驶的汽车，这种车有用处吗？（就是……也……）
   B：根据目前的交通规则，_____

8. A：我认为，他应该转变工作态度，认真地对待工作。（觉悟）
   B：是的。但眼前他_____

9. A：我接受过几次游泳训练，可现在还是不敢自己游。（索性）
   B：如果你还不敢大胆地游，那么_____

10. A：这部电影里有很多流血的镜头，能给孩子看吗？（适宜）
    B：孩子看了后准会害怕的，所以_____

八、用指定词语完成句子

1. 这项新规定符合职工的利益，所以_____。（拥护）
2. 他一踩上有冰的路就吓得发抖，_____。（从客观上说）
3. 你怎么能在学生面前发火呢？_____。（得体）
4. 做事没有勇气坚持下去的人，_____。（通常）
5. 我一眼就看出，你非常恨他，这_____。（显示）
6. 如果你想了解中国历史，就要_____。（广泛）
7. 年轻人不要怕艰苦，不要_____。（舒适）
8. 这是老板分配给我的工作，_____。（服从）
9. 除非这个计划是合理的，否则_____。（执行）

10. 自从开展学习竞赛后，我们班 _____。（面貌）

九、用指定词语写一段话

介绍某篇文章谈的一种不文明现象，要求：

第一段：说明作者对这种现象的描写和观点，并尽量使用以下词语：

      发表   描写   指出   突出   强调   治   制定

第二段：说明人们对作者观点的看法，并尽量使用以下词语：

      广泛   争论   拥护   反对   不见得   服从   执行

第三段：说明产生这种现象的原因，并尽量使用以下词语：

      通常   显示   场所   索性   又不是……

第四段：说明你的观点，并尽量使用以下词语：

      主观   客观   毕竟   得体   适宜   面貌

第十二课

理想和现实

你知道吗？

1. 有些人为什么想换工作？
2. 一个人怎样才能实现自己的理想？

课文　　　　　Text

　　凡是刚开始工作的年轻人，都希望能在工作中发挥自己的才能，并马上实现自我价值。可是他们发现，在现实中，自己的理想并不是很容易就能实现的。从而，有的人选择了"跳槽"，有的人则对自己失去了信心。之所以会出现这样的问题，往往是因为个人的期望值太高了。这主要表现在两个方面：

　　一种是期望"一步登天"，就是说，希望工作后马上就能够获得一定的地位。拿王小华来说，他大学毕业后就进了政府机关工作。虽然这是一个稳定的工作，他也很能干，可他只干了一年就辞职了。他说："我每天都得按领导的指示干这干那，地位太低了。而且，所干的净是些小事，不是陪领导接见或会见什么人，就是陪领导去干别的事情。什么时候我也能当领导，吩咐别人做事呢？"辞职以后，他去了一家企业，可不到半年又跳槽了，原因是在企业里要升职，也得排队。

另一种是"急于求成"，就是说，期望所做的事情能马上获得成功。陈大海是个很用功的研究生，从医学院毕业后，进了一家医学研究所，从事开发新药的工作。他很爱钻研学术，并迫切地希望运用所学的知识，马上取得显著的成就，为医学事业做出重大贡献。可是，开发新药是一个系统工程，不仅仅需要理论知识，还要做大量的实验。陈大海在一年中做了无数次实验，可是都遭到了失败。他不免觉得压力很大，也感到很灰心，甚至怀疑自己不是搞科研的人才。

实际上，无论在什么性质的单位工作，期望在一两年以内就"一步登天"，通常是不现实的。同时，一个人就是有本事，也不能太骄傲，更不能看不起小事，只有把小事做好后，才能再争取担任更重要的工作。

此外，做任何事都不能"急于求成"。人的一生是很长的，只要认真踏实地工作，在工作中慢慢地积累经验，并且应用好自己掌握的知识，就会有成功的可能性。因为所有的未来，都是由一个个今天构成的。

第十二课　理想和现实

生词　New words

1. 凡是　　　　　（连）　fánshì　　　　　凡是学生，都应该努力学习。
2. 发挥　　　　　（动）　fāhuī　　　　　我想在工作中发挥自己的才能。
   　　　　　　　　　　　　　　　　　*发挥～（作用/特长/创造性）
3. 自我　　　　　（代）　zìwǒ　　　　　每个人都希望实现自我价值。
4. 跳槽　　　　　　　　　tiào cáo　　　他不满意现在的工作，想跳槽。
5. 之所以……　　（连）　zhī suǒyǐ……，　昨天我之所以没来，是因为病了。
   是因为……　　　　　shì yīnwèi……
6. 往往　　　　　（副）　wǎngwǎng　　开快车往往会发生交通事故。
   　　　　　　　　　　　　　　　　　旅游旺季时，物价往往会上涨。
7. 期望　　　　　（动）　qīwàng　　　　他期望一工作就能获得高收入，
   　　　　　　　　　　　　　　　　　他的期望值太高了！
8. 机关　　　　　（名）　jīguān　　　　他在政府机关工作，是个公务员。
9. 稳定　　　　　（形）　wěndìng　　　现在，我的工作和生活都很稳定。
10. 能干　　　　　（形）　nénggàn　　　他很能干，工作能力也很强。
11. 辞职　　　　　　　　　cí zhí　　　　你的工作很好，为什么辞职呢？
12. 领导　　　　　（动）　lǐngdǎo　　　他是这个单位的领导。
    　　　　　　　　　　　　　　　　　政府要领导人民建设自己的国家。
13. 指示　　　　　（动）　zhǐshì　　　　这是领导的指示，你一定要执行。
    　　　　　　　　　　　　　　　　　我根据他指示的方向往前走。
14. 所（+V）　　　（助）　suǒ　　　　　现在，我所学习的是汉语。

15. 净	（副）	jìng	这里脏极了，地上净是垃圾。	
			这几天的天气不好，净下雨。	
			你别净看电视，快来帮我做菜。	
16. 接见	（动）	jiējiàn	明天，国家领导人要接见我们。	
17. 会见	（动）	huìjiàn	今天，总经理要会见一些客人。	
18. 吩咐	（动）	fēnfù	妈妈吩咐我给客人倒茶。	
19. 升	（动）	shēng	他只工作了一年就升职了。	
			早上六点左右，太阳升起来了。	
20. 用功	（形）	yònggōng	我很用功，今年获得了奖学金。	
21. 学术	（名）	xuéshù	我们学校常常有学术交流活动。	
22. 钻研	（动）	zuānyán	我想深入地钻研中国文化。	
			钻研～（学问/技术/外语）	
23. 成就	（名）	chéngjiù	他在学术上取得了很大的成就。	
24. 贡献	（名）	gòngxiàn	我们要为国家多做贡献。	
25. 系统	（名）	xìtǒng	一种语言的语法是有系统的。	
			开发一个地区是一项系统工程。	
	（形）		他的汉语知识非常系统。	
26. 理论	（名）	lǐlùn	我们要把理论和实践结合起来。	
27. 实验	（名）	shíyàn	这个理论对不对，需要实验证明。	
28. 无数	（形）	wúshù	经过无数次试验，这项医学实验终于成功了。	
29. 不免	（副）	bùmiǎn	这么晚了儿子还没回家，她不免有点担心。	
30. 压力	（名）	yālì	他的工作压力、生活压力都很大。	

第十二课　理想和现实

31.	灰心	（动）	huīxīn	虽然这次实验没有成功，但我们不能灰心。
31.	怀疑	（动）	huáiyí	你应该相信他，不要怀疑他。
33.	人才	（名）	réncái	他是一个很有才能的科研人才。
34.	性质	（名）	xìngzhì	国营企业和私人企业性质不同。
35.	骄傲	（形）	jiāo'ào	你的成绩很好，但是不能骄傲。 我为他取得的成就感到骄傲。
36.	看不起		kànbuqǐ	你不能看不起地位低的人。
37.	争取	（动）	zhēngqǔ	我要争取获得好成绩。
38.	踏实	（形）	tāshi	你在工作时要认真、踏实。 我做完作业后，睡觉才踏实。
39.	积累	（动）	jīlěi	我们的经验是慢慢积累起来的。
40.	应用	（动）	yìngyòng	学过的知识要能够灵活应用。 他学的数学是应用数学。
41.	构成	（动）	gòuchéng	这段话是几个句子构成的。 构成～（形状/图画/危害）

练习　Exercises

一、根据课文内容回答下列问题

1. 刚开始工作的年轻人，都有怎样的理想？
2. 有些人选择"跳槽"的原因是什么？
3. "一步登天"和"急于求成"的意思是什么？

4. 王小华为什么从政府机关辞职了？
5. 王小华去企业工作后，为什么又辞职了？
6. 陈大海的理想和现实是怎样的？
7. 作者认为，如果想担任更重要的工作，就应该怎么做？
8. 作者认为，要怎么做就会有成功的可能性？

二、读句子

1. 凡是刚开始工作的年轻人，都希望能在工作中发挥自己的才能。
2. 有些人之所以跳槽或失去信心，往往是因为个人的期望值太高了。
3. 我每天都得按领导的指示干这干那，地位太低了。
4. 他认为，自己在机关里所干的净是些小事。
5. 我每天不是陪领导接见或会见什么人，就是陪领导去干别的事情。
6. 他希望运用所学的知识，马上取得成就，为医学事业做出重大贡献。
7. 无论在什么性质的单位工作，希望在一两年以内就"一步登天"，通常是不现实的。
8. 只有把小事做好后，才能再争取担任更重要的工作。
9. 所有的未来，都是由一个个今天构成的。

三、选词填空

第一组：A. 指示　B. 领导　C. 发挥　D. 构成　E. 应用

1. 在总经理的（　　）下，工厂的面貌发生了很大的变化。

第十二课　理想和现实

2. 电脑上显示的这个图形，是几个三角形（　　）的。
3. 现在，电脑已经广泛（　　）于各行各业和家庭了。
4. 市政府的领导（　　）我们，在生产中一定要贯彻节约的原则。
5. 每个有本领的人，都可以充分（　　）自己的创造性。

第二组：A. 往往　B. 稳定　C. 灰心　D. 踏实　E. 吩咐

1. 舒适而（　　）的生活好是好，不过也可能会使人变懒。
2. 由于还不知道能不能通过这次考试，我的心里总觉得不太（　　）。
3. 朋友请客时，问我要吃什么，我（　　）是客随主便。
4. 领导（　　）的事情，一定要认真做好。
5. 这次考试你虽然没考好，但是千万不能（　　）。

第三组：A. 接见　B. 会见　C. 净　D. 无数　E. 怀疑

1. 你快走吧，别耽误了（　　）朋友的时间。
2. 他发表的文章中，说的（　　）是些脱离实际的话。
3. 你只是个普通职工，总经理不见得会同意（　　）你吧？
4. 老实说，我并没有欺骗你，你怎么能（　　）我呢？
5. （　　）的事实可以证明，只有不怕艰苦，才能战胜困难。

四、辨析括号里的词，选择合适的词填空

1. 明天，专家要来我们公司（　　）工作。（领导/指导）
2. 不适当的减肥会对身体（　　）危害。（构成/构造）
3. 市政府领导明确（　　）我们，要迅速修好这条公路。（指示/命令）
4. 为了做得更好，你应该（　　）总结工作经验。（常常/往往）
5. 妈妈（　　）孩子，滑冰时千万要小心，别摔断了腿。（嘱咐/吩咐）

五、判断指定的词语应该放在哪个位置

1. 听说，他 A 什么都敢吃。B 是生物，他 C 没有什么不敢吃的。（凡）
2. 有些事你应该 A 自己做，别 B 给别人 C 增添麻烦。（净）
3. 这个医学院 A 开发的新药，对 B 减肥十分 C 有效。（所）
4. 在 A 开发新药的过程中，B 需要做 C 无数次实验。（往往）
5. 我们要 A 早日将 B 这种新药 C 用于治疗疾病。（争取）

六、选择最接近画线词语意思的一种解释

1. 你的皮鞋上怎么<u>净</u>是灰，快擦一下！
   A. 都　　　　　B. 只　　　　　C. 总
2. 我没有学过电脑，当然也没有应用电脑进行设计的<u>才能</u>。
   A. 力量　　　　B. 能力　　　　C. 能干
3. 领导<u>命令</u>我们，一定要按时完成这项艰巨的任务。
   A. 指示　　　　B. 指导　　　　C. 指出
4. <u>凡</u>是不适宜穿睡衣的地方，你都最好别穿。
   A. 只要是　　　B. 全部是　　　C. 完全是
5. 你又不是我的老板，怎么能<u>要求</u>我干这干那呢？
   A. 嘱咐　　　　B. 请求　　　　C. 吩咐

七、用指定词语完成对话

1. A：最近，市场上的物价还是一会儿涨，一会儿跌吗？（稳定）
   B：不是。＿＿＿＿＿＿＿＿＿＿＿＿＿＿＿＿＿＿＿＿＿
2. A：在学术上取得突出成就的人，平时都很爱钻研吧？（凡是）
   B：是的。＿＿＿＿＿＿＿＿＿＿＿＿＿＿＿＿＿＿＿＿＿

3. A：他为什么对节约没有什么概念呢？（之所以……，是因为……）
   B：_____

4. A：为什么不要买一些小商店销售的珠宝呢？（往往）
   B：因为 _____

5. A：对于自己将来的前途，你是怎么想的？（期望）
   B：_____

6. A：他们搞的科研项目，能推动经济的发展吗？（所+动词）
   B：我认为，_____

7. A：他为医学事业做出了重大的贡献，他父母感到怎么样？（骄傲）
   B：_____

8. A：每逢见到他时，你为什么总要躲开他呢？（净）
   B：这是由于 _____

9. A：如果我想从事研究工作，那么应该怎么做呢？（钻研）
   B：你应该 _____

10. A：老板为什么让他自己提出辞职呢？（贡献）
    B：这是因为 _____

八、用指定词语完成句子

1. 这篇文章传播开来后，引起了 _____。（无数）
2. 他一直找不到理想的女朋友，_____。（灰心）
3. 最近，丈夫净悄悄地接电话，_____。（怀疑）
4. 如果 _____，那么你索性放弃这个实验吧！（以内）
5. 你丈夫就是没有什么本事，你也 _____。（看不起）
6. 每个消费者都要 _____。（争取）
7. 这个实验的成功是与 _____ 密切相关的。（踏实）
8. 王老师概括出来的这些教学方法，_____。（积累）
9. 理论和实践要结合起来，你学习了理论后 _____。（应用）
10. 严重的环境污染会对 _____。（构成）

九、用指定词语写一段话

介绍某人的理想与现实情况，要求：

第一段：说明其理想是什么，并尽量使用以下词语：

    发挥 才能 稳定 地位 应用 期望 实现

第二段：说明其现实情况，并尽量使用以下词语：

    能干 指示 吩咐 所（+动词） 净 成就 压力

第三段：说明你对怎样实现理想的观点，并尽量使用以下词语：

    踏实 积累 钻研 骄傲 怀疑 灰心 争取

第十三课

发生在情人节的"灾难"

 你知道吗？

1. "情人"是什么意思？
2. "情人节"时，有些人会做什么？

 课文 Text

今年情人节的早上，院子门口来了一个送花的姑娘。"先生，这花是送给你爱人的。"她伸出手递给我一束鲜花，没再说什么就走了。我不禁感到很惊讶，这是谁送给妻子的呢？我心里想：妻子嫁给我后，我俩的感情一直很好，双方相互尊重，也没什么秘密瞒着对方，难道她偷偷地在外面有了情人？她在电台工作，又爱交际，有这种可能性吧？我的情绪一下子变坏了，拿着花就跑进了卧室。

那时，妻子还躺在床上。当她仰起头看到花后，就问道："是谁送的花啊？"我正要问她这是怎么回事，那送花的姑娘又来了，说道："不好意思，刚才送错了，这花是你家对门的先生送给他爱人的。"这时,我才明白过来。对门的那位先生是我的同事,现在还在国外进修。情人节到了,他一定很想念妻子,这花是献给她的。我心里想,幸亏那姑娘回来得及时,否则就会产生误会了。

下午,妻子在修改她写的小说时,我的手机上来了一条短信:"我没有虚心接受你的意见,是我错了,今后我一定改正。今晚仍旧在老地方碰头,行吗?"我一看就知道有人发错了,所以就没回。没想到,妻子见我没回短信,脸上便露出了警惕的神情,问道:"谁的短信?"我只好赶紧向她解释,以免她多心。可是从她的脸色来判断,她一定怀疑我在骗她,这不免让我觉得有些尴尬。

晚上,我正在写日记时,手机响了。我一接,是一个女人的声音:"你以后千万别给我打电话,我丈夫会偷听的。"我说:"我又不认得你,怎么会给你打电话呢?莫名其妙!"这时,妻子恰好在我身旁看书。我说又是有人打错了,可她只是冷冰冰地说了一句:"你的朋友很多呀!"然后,就沉默着不再理我了。

唉!遭受到这样的倒霉事,简直是一场"灾难"。这不是破坏别人的婚姻,影响别人夫妻内部的团结,让别人产生家庭危机吗?从此,一旦接到短信,或听到手机铃响,我的神经就不由得会紧张起来。

生词　　New words

1. 灾难　　(名)　　zāinàn　　空气污染会引起环境灾难。
2. 院子　　(名)　　yuànzi　　我家院子里种了很多花。

第十三课　发生在情人节的"灾难"

3. 不禁	（副）	bùjīn	他骂了我，我不禁感到很生气。
4. 嫁	（动）	jià	她嫁给了一个性格温和的人。
5. 尊重	（动）	zūnzhòng	他指出，夫妻双方应该互相尊重。
6. 难道	（副）	nándào	他能成功，我难道不能吗？
7. 偷偷	（副）	tōutōu	老师不注意时，他偷偷溜出去了。
8. 电台	（名）	diàntái	我常常听电台里广播的节目。
9. 交际	（动）	jiāojì	他很喜欢交际，有很多朋友。
10. 情绪	（名）	qíngxù	我的情绪不好，是因为压力太大。
11. 仰	（动）	yǎng	他仰起头，看着天空。
12. 对门	（名）	duìmén	我住在他家的对门，我们是邻居。
13. 进修	（动）	jìnxiū	王老师将去英国进修英语。
14. 想念	（动）	xiǎngniàn	我很想念远方的老朋友。
15. 献	（动）	xiàn	情人节时，男朋友献给她一束花。
16. 幸亏	（副）	xìngkuī	我的包丢了，幸亏里边没有钱。
17. 误会	（名）	wùhuì	说话不得体，可能会产生误会。
	（动）		他问我吃饭了吗，我以为他要请我吃饭，我误会了他的意思。
18. 修改	（动）	xiūgǎi	老师在修改学生写的作文。
19. 小说	（名）	xiǎoshuō	他写的小说既有趣，又生动。
20. 虚心	（形）	xūxīn	我们应该虚心接受别人的意见。
21. 改正	（动）	gǎizhèng	如果你有错误，那么就应该改正。
			改正～（缺点/毛病/习惯）

22.	警惕	（动）	jǐngtì	你丈夫常常晚回家，你应该警惕。
23.	以免	（连）	yǐmiǎn	你要早点儿回家，以免妈妈担心。
24.	多心	（形）	duōxīn	丈夫偷偷地出去，妻子会多心。
25.	判断	（动）	pànduàn	这个孩子有判断对错的能力。
26.	尴尬	（形）	gāngà	你穿睡衣会客，不觉得尴尬吗？
				拍照时他的表情很尴尬，不自然。
				她不原谅我，让我觉得很尴尬。
27.	日记	（名）	rìjì	我每天都坚持写日记。
28.	响	（动）	xiǎng	电话铃响了，你快去接吧！
		（形）		你说话的声音太响了，轻一点儿！
29.	偷	（副）	tōu	考试时，你不能偷看别人的考卷。
		（动）		昨天，小偷把我的钱包偷走了。
30.	认得	（动）	rènde	我认得他，他是初级班的学生。
				这篇文章里的汉字我都认得。
31.	理	（动）	lǐ	我叫服务员过来，可是他不理我。
32.	遭受	（动）	zāoshòu	听说他遭受了不幸，我很难过。
				遭受～（危险/困难/失败）
33.	破坏	（动）	pòhuài	我们要保护环境，不能破坏环境。
				破坏～（财物/形象/感情）
34.	婚姻	（名）	hūnyīn	他俩结婚后，婚姻很幸福。
35.	内部	（名）	nèibù	这是他们家内部的事，你别管。
36.	团结	（动）	tuánjié	我们应该互相团结，互相帮助。
37.	危机	（名）	wēijī	现在，我们公司遇到了经济危机。

第十三课　发生在情人节的"灾难"

38.	一旦	（连）	yídàn	一旦有了钱，我就去旅游。
39.	神经	（名）	shénjīng	考试前，我的神经总是会紧张。
40.	不由得	（副）	bùyóude	已经很晚了，他还没回家，我不由得很担心。
		（动）		钱快用完了，不由得我不着急。

一、根据课文内容回答下列问题

1. 一位姑娘送来鲜花时，"我"的情绪为什么变坏了？
2. 平时，"我"和妻子的感情怎么样？
3. 对门的先生为什么要献花给妻子？
4. 下午，"我"收到了一条怎样的短信？
5. 课文中是怎样描写妻子不相信"我"的解释的？
6. 晚上，"我"又接到了一个怎样的电话？
7. 妻子为什么不再愿意理"我"了？
8. "我"为什么觉得遭受到这样的事情是灾难？

二、读句子

1. 姑娘说那花是送给我妻子的，我不禁感到很惊讶。
2. 我和妻子的感情一直很好，难道现在她偷偷地在外面有了情人？
3. 送花的姑娘说送错了，应该是送给对门的。这时，我才明白过来。
4. 我心里想，幸亏那姑娘回来得及时，否则就会产生误会了。

5. 我赶紧向她解释，以免她多心。

6. 妻子怀疑我在骗她，这不免让我觉得有些尴尬。

7. 唉！遭受到这样的倒霉事，简直是一场"灾难"。

8. 这不是破坏别人的婚姻，影响别人夫妻内部的团结吗？

9. 从此，一旦接到短信，我的神经就不由得会紧张起来。

三、选词填空

第一组：A. 不禁 B. 偷偷 C. 一旦 D. 以免 E. 遭受

1. （　　）领导批准了这座桥梁的设计方案，我们就将开始施工。
2. 她去旅游前，我一再嘱咐她要控制好支出，（　　）她盲目购物。
3. 上个月发生的地震，让很多家庭（　　）了巨大的灾难。
4. 看到那些天真的孩子比我都勇敢，我（　　）感到很惭愧。
5. 父母发现孩子在家里（　　）地吸烟，难道不应该教训他们吗？

第二组：A. 交际 B. 判断 C. 破坏 D. 不由得 E. 警惕

1. 我没有深入研究过玉器，所以很难（　　）这些玉器的真假。
2. 他强调指出，乱扔垃圾会（　　）一座现代化城市的形象。
3. 你和外国人（　　）时，要注意尊重他们的文化。
4. 在人多的公共场所，你要保持（　　），以免东西被小偷偷了。
5. 他采用这样的手段来欺骗别人，（　　）让我们生气。

第三组：A. 幸亏 B. 危机 C. 误会 D. 尴尬 E. 多心

1. 司机拣这条路走是对的，没有绕路，你不必（　　）。
2. 我不让你买这东西，不是嫌贵，而是不实用，你别（　　）我的意思。
3. 我付车费时才发现带的钱不够，还差五块，这让我觉得很（　　）。
4. 一辆车突然向我撞过来，（　　）我躲得快，才没有被撞到。

第十三课　发生在情人节的"灾难"

5. 你的同事都取得了成就,可是你还没有。你难道没有(　　)感吗?

四、辨析括号里的词,选择合适的词填空

1. 最近,我一下子瘦了很多,这(　　)让我警惕起来。(不禁/不由得)
2. 因为妻子不允许他喝酒,所以他只能(　　)地喝。(偷偷/悄悄)
3. 我(　　)他买的那些"奢侈品"都是假货。(多心/怀疑)
4. 他是搞销售工作的,要与各种人(　　)。(交际/交流)
5. 那些足球运动员都反对(　　)足球比赛规则。(修改/改正)

五、判断指定的词语应该放在哪个位置

1. A 看到孩子们 B 生动的表演时,大家都 C 笑了起来。(不禁)
2. A 她是你的好朋友,你 B 不知道她 C 已经结婚了吗?(难道)
3. 显而易见,这个字写错 A 了,你 B 把它改正 C 吧。(过来)
4. 这个秘密还是 A 瞒着她吧,B 她知道后,C 情绪会变坏的。(一旦)
5. A 我没有买那些珠宝,否则 B 买了假货回来 C 就倒霉了。(幸亏)

六、选择最接近画线词语意思的一种解释

1. 她打开房门时,<u>不禁</u>大吃一惊,房间里的东西都被人偷了。
　　A. 不由得　　　　B. 以免　　　　C. 忍不住
2. 昨天,弟弟一不小心,从楼梯上摔了下来,<u>幸亏</u>没受什么伤。
　　A. 好处　　　　B. 好在　　　　C. 恰好
3. 我只<u>知道</u>他在政府机关工作,可是从来没见过他。
　　A. 认识　　　　B. 认得　　　　C. 晓得
4. 这是我写的作文,如果有些词语用得不适当,请帮我<u>改正</u>一下。
　　A. 修改　　　　B. 转变　　　　C. 改变

123

5. 学生经常交流学习经验，对互相之间的学习是很有好处的。

　　A. 交际　　　　　B. 交换　　　　　C. 交谈

七、用指定词语完成对话

1. A：昨天，你发现他偷看你的日记时，感到怎么样？（不禁）
   B：＿＿＿＿＿＿＿＿＿＿＿＿＿＿＿＿＿＿＿＿＿＿＿＿＿＿

2. A：听说，那个地方经过改造后变化很大，你去过吗？（认得）
   B：去过。那儿的变化相当大，＿＿＿＿＿＿＿＿＿＿＿＿＿＿

3. A：我在公司里净干些小事，也没有升职的机会，真没意思！（难道）
   B：那你为什么还要干呢？＿＿＿＿＿＿＿＿＿＿＿＿＿＿＿

4. A：汽车和飞机都是交通工具，那么语言是什么工具呢？（交际）
   B：＿＿＿＿＿＿＿＿＿＿＿＿＿＿＿＿＿＿＿＿＿＿＿＿＿＿

5. A：上课时不能打电话，不过有的学生会怎么样？（偷偷）
   B：＿＿＿＿＿＿＿＿＿＿＿＿＿＿＿＿＿＿＿＿＿＿＿＿＿＿

6. A：你从那个公司辞职后，跟以前的同事还保持联系吗？（想念）
   B：好久没有联系了，可是＿＿＿＿＿＿＿＿＿＿＿＿＿＿＿

7. A：听说他住的地方发生了大地震，是吗？（幸亏）
   B：是的。＿＿＿＿＿＿＿＿＿＿＿＿＿＿＿＿＿＿＿＿＿＿

8. A：你儿子刚开始工作，你对他的嘱咐是什么？（虚心）
   B：我对他说，＿＿＿＿＿＿＿＿＿＿＿＿＿＿＿＿＿＿＿＿

9. A：他怎么一收到短信就悄悄地溜出去看呢？（判断）
   B：根据＿＿＿＿＿＿＿＿＿＿＿＿＿＿＿＿＿＿＿＿＿＿＿

10. A：昨天我看见你去赌场了，可不能去赌博啊！（误会）
    B：＿＿＿＿＿＿＿＿＿＿＿＿＿＿＿＿＿＿＿＿＿＿＿＿

第十三课　发生在情人节的"灾难"

八、用指定词语完成句子

1. 如果你常常感到极其疲倦，那么 ＿＿＿＿＿＿＿＿＿＿。（警惕）
2. 一名学生指出了老师写错的一个字，＿＿＿＿＿＿＿＿＿＿。（尴尬）
3. 我把那件行李从中间移到了旁边，＿＿＿＿＿＿＿＿＿＿。（以免）
4. 他俩看到我走过来就不说话了，＿＿＿＿＿＿＿＿＿＿。（多心）
5. 他刚开始营业时相当艰苦，＿＿＿＿＿＿＿＿＿＿。（遭受）
6. 夫妻双方应该相互尊重和理解，都不要 ＿＿＿＿＿＿＿＿＿＿。（破坏）
7. 司机发动汽车时，你一定要站稳。＿＿＿＿＿＿＿＿＿＿。（一旦）
8. 除非你请求我原谅你，否则 ＿＿＿＿＿＿＿＿＿＿。（理）
9. 他们争论的那个问题很有意思，我 ＿＿＿＿＿＿＿＿＿＿。（不由得）
10. 他最近常和妻子发生矛盾，所以 ＿＿＿＿＿＿＿＿＿＿。（情绪）

九、用指定词语写一段话

介绍一场误会，要求：

第一段：说明这场误会是怎样发生的，并尽量使用以下词语：
　　　偷偷　理　不禁　难道　情绪　多心

第二段：说明知道这是一场误会后的情况，并尽量使用以下词语：
　　　幸亏　及时　明白过来　判断　不由得　尴尬

第三段：说明发生误会后可能会怎么样，并尽量使用以下词语：
　　　遭受　灾难　破坏　内部　团结　危机

第四段：说明怎样才能避免误会，并尽量使用以下词语：
　　　尊重　瞒　虚心　改正　以免　一旦

第十四课

家庭财政AA制

 你知道吗？

1. 什么叫"AA制"？
2. 实行"家庭财政AA制"的优缺点是什么？

 课文　　Text

所谓"家庭财政AA制"，就是夫妻双方各自管理自己的收入。这种做法已被许多年轻夫妻所接受，并已成为了一种普遍的现象。有些年轻夫妻在结婚时，就签订了AA制的"条约"。对于家庭中需要共同支出的费用，则采用分担的办法。比如，丈夫付房屋贷款，妻子就付水电费、煤气费以及孩子的学费等。那么，他们为什么要采取这种做法呢？

王太太说，现在大多数的妻子和丈夫一样，都有自己的工作和经济收入。因此，夫妻之间的地位应该是平等的。而且，实行AA制可以避免许多不必要的矛盾。比如，妻子的业余爱好是摄影或看文学

第十四课　家庭财政AA制

作品，但管钱的丈夫不同意买照相机，也不愿意出买书的钱，那么就不免会闹矛盾。又如，买筷子时，妻子想买金属的，但丈夫偏偏要买竹子的，双方意见不统一，也就会争来争去，有时还可能会吵架，影响夫妻间的团结。但是，实行AA制就可以自己决定。

李先生也认为，家庭财产不能由夫妻中的一方来管理。比如，丈夫爱交际，常常要跟朋友聚会，或者要去问候朋友，祝贺某人生日等，这都需要一些零钱，但是，掌握统治经济大权的妻子不愿意给的话，双方可能就会因此而争吵，发生夫妻间的"战争"。他还说，更让丈夫觉得丢面子的是，如果不敢反抗，不敢跟妻子斗争，朋友们还会嘲笑他说："有你这样的男人吗？""哪儿有你这样受老婆压迫的？""你这不是'气管炎'吗？"让他真想在地上挖个洞钻进去。如果是这样的话，那么有些丈夫就只好索性藏"私房钱"了。

实行家庭财政AA制，可以说是一种新观念，也有利于建立家庭民主。当然，夫妻双方都不能太自私、太计较。如果有这些成分在里边，那就麻烦了。比如，买一支牙膏、一把牙刷、一个信封、一根缝衣线，也都要一人一半地算得清清楚楚，那么就不免会影响感情，甚至会因此而离婚，从而失去一个完整的家庭。

生词　New words

1. 财政　（名）　cáizhèng　　他在政府的财政部门工作。
2. 各自　（代）　gèzì　　　　三个孩子都有各自的房间。

3. 被……所……		bèi……suǒ……		他的想法已经被大家所接受。
4. 签订	（动）	qiāndìng		这两家公司签订了销售合同。
5. 条约	（名）	tiáoyuē		这两个国家签定了友好条约。
6. 分担	（动）	fēndān		丈夫和妻子都要分担家务。
				分担～（工作/费用/责任）
	（名）			这笔贷款快到期了，但公司无力偿还。
7. 贷款	（动）	dài kuǎn		我买房的钱不够，要去银行贷款。
8. 煤气	（名）	méiqì		现在，这儿每个家庭都通煤气了。
9. 平等	（形）	píngděng		男人和女人的地位是平等的。
10. 业余	（形）	yèyú		在业余时间，我的爱好是打篮球。
11. 摄影	（动）	shèyǐng		他的业余爱好是摄影。
12. 文学	（名）	wénxué		我想钻研中国文学。
13. 作品	（名）	zuòpǐn		凡是文学作品，我都爱看。
14. 闹	（动）	nào		他们夫妻之间常常闹矛盾。
				闹～（误会/情绪/笑话）
15. 金属	（名）	jīnshǔ		这种罐子是用金属制造的。
16. 竹子	（名）	zhúzi		我用的筷子是竹子做的。
17. 统一	（动）	tǒngyī		在这件事上，他们的意见不统一。
18. 争	（动）	zhēng		这个字肯定不对，你别跟我争了。
				他们吃完饭后，都争着付钱。
19. 财产	（名）	cáichǎn		这些东西都是我的个人财产。
20. 问候	（动）	wènhòu		春节时，我要去问候我的老师。

第十四课　家庭财政 AA 制

21.	零钱	（名）	língqián	我只要一张一百块钱，你有零钱吗？
				你给孩子一些坐车的零钱吧。
22.	统治	（动）	tǒngzhì	他们是统治这个国家的领导人。
23.	争吵	（动）	zhēngchǎo	夫妻之间要避免争吵。
24.	战争	（名）	zhànzhēng	战争会给人类带来灾难。
25.	反抗	（动）	fǎnkàng	这是老板的指示，我不能反抗。
26.	斗争	（动）	dòuzhēng	我们要同困难做斗争。
27.	嘲笑	（动）	cháoxiào	你如果不敢滑冰，孩子会嘲笑你的。
28.	压迫	（动）	yāpò	老板压迫工人，工人就会反抗。
29.	气管炎	（名）	qìguǎnyán	他得的病是气管炎。
				气管炎和"妻管严"读音差不多。
30.	洞	（名）	dòng	这棵青菜的菜叶上有几个洞。
31.	钻	（动）	zuān	墙角有个洞，一只小老鼠飞快地钻进去了。
				钻～（技术/外语/书本）
32.	藏	（动）	cáng	你把这些东西藏好，别让他发现了。
33.	观念	（名）	guānniàn	在生活中，你应该有节约的观念。
34.	民主	（形）	mínzhǔ	我们要建立家庭民主的观念。
35.	自私	（形）	zìsī	他只考虑自己的利益，太自私了！
36.	计较	（动）	jìjiào	他从来不计较个人利益。
				在小事情上，你不要跟别人计较。
37.	成分	（名）	chéngfèn	这种感冒药里的成分是什么？
38.	牙膏	（名）	yágāo	我要买一支牙膏。
39.	牙刷	（名）	yáshuā	他用这把牙刷来刷牙。

40. 信封	（名）	xìnfēng	你要在信封上写上地址。
41. 缝	（动）	féng	这种缝衣服的针现在很难买到。
42. 线	（名）	xiàn	缝这件衣服要用很多线。
43. 完整	（形）	wánzhěng	这个孩子能说完整的句子了。

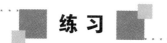 练 习　　Exercises

一、根据课文内容回答下列问题

1. "家庭财政AA制"是什么意思？
2. 实行AA制的家庭是怎样处理家庭中共同支出的？
3. 王太太为什么认为应该实行家庭财政AA制？
4. 为什么说采取AA制可以避免发生家庭矛盾？
5. 在管理家庭财产的问题上，李先生的观点是什么？
6. 有些丈夫为什么要藏"私房钱"？
7. 作者认为实行家庭财政AA制的好处是什么？
8. 实行AA制的家庭，应该注意什么问题？

二、读句子

1. 所谓"家庭财政AA制"，就是夫妻双方各自管理自己的收入。
2. 这种做法已被许多年轻夫妻所接受，并已成为了一种普遍的现象。
3. 有些年轻夫妻在结婚时，就签订了AA制的"条约"。
4. 双方意见不统一，就可能会争来争去。

第十四课　家庭财政 AA 制

5. 李先生认为，家庭财产不能由夫妻中的一方来管理。
6. 朋友们嘲笑他说："有你这样的男人吗？"
7. 哪儿有你这样受老婆压迫的？
8. 你这样怕老婆，这不是"气管炎"吗？
9. 夫妻双方都不能太自私、太计较。

三、选词填空

第一组：A. 计较　B. 完整　C. 分担　D. 统一　E. 统治

1. 你所描写的这个人物形象还不太（　　），应该再多写一点儿。
2. 在这个问题上，有的人拥护，有的人反对，大家的认识还不（　　）。
3. 你不愿意做饭，我不跟你（　　），但是你得接送孩子。
4. 在我们家，从来都是妻子掌握（　　）经济的大权，反正我也不愿意管钱。
5. 教育孩子的责任，应该由夫妻双方共同（　　）。

第二组：A. 压迫　B. 签订　C. 嘲笑　D. 争吵　E. 斗争

1. 如果他们所制定的条约是不平等的，那么你们绝对不能（　　）。
2. 我们单位的同事都很团结，从来没有为小事（　　）过。
3. 我常常头疼，可能是什么（　　）着我的神经吧？
4. 老板不同意给我们加薪，难道我们不应该同他（　　）吗？
5. 他的穿着总是很不得体，别人（　　）他，他也不在乎。

第三组：A. 藏　B. 钻　C. 争　D. 闹　E. 反抗

1. 你别跟他（　　）着付钱了，反正是他请客，咱们客随主便吧。
2. 他之所以（　　）情绪，是因为没本事的人都升职了，可他却没有。
3. 要把这幅画儿挂在墙上，得先在墙上（　　）一个洞。
4. 他一直受妻子的"统治"，可是却始终不敢（　　）。

5. 妻子发现他还（　　）着初恋情人的照片时，他不免觉得很尴尬。

四、辨析括号里的词，选择合适的词填空

1. 政府机关和私人企业是性质不（　　）的单位。（统一/一样）
2. 他要我（　　）一个旅游方案，可是我不知道怎么做。（签订/制订）
3. 对于 AA 制是不是好的问题，他们展开了（　　）。（争吵/争论）
4. 你总是勉强孩子学这学那，孩子当然会（　　）的。（反抗/斗争）
5. 眼前，你（　　）踏实地工作，千万不要急于求成。（必要/必须）

五、判断指定的词语应该放在哪个位置

1. 听报告的 A 年轻人 B 纷纷找到我，C 都谈了自己的观点。（各自）
2. 在这座木结构的 A 房子里，仍旧 B 保留着 C 原来的家具。（完整）
3. 我 A 被那儿优美的风景 B 吸引，C 拍了不少照片。（所）
4. 2010 年世博会是 A 中国举办的，B 这在中国是 C 前所未有的。（由）
5. 你看，在别的工厂，哪儿有像你们 A 这样 B 老板 C 压迫的？（受）

六、选择最接近画线词语意思的一种解释

1. 听说，最近那儿<u>闹</u>了水灾，幸亏没死什么人。
   A. 出现　　　　B. 产生　　　　C. 发生
2. 你把我的那些摄影作品<u>藏</u>在哪儿了？快找出来！
   A. 躲　　　　　B. 避　　　　　C. 放
3. 我们都坚决不执行这项新规定，可<u>反抗</u>的结果是老板让我们辞职。
   A. 斗争　　　　B. 违反　　　　C. 反对
4. 孩子们在冰上展开了速度竞赛，人人都想<u>争</u>第一名。
   A. 争吵　　　　B. 争论　　　　C. 争取

第十四课　家庭财政 AA 制

5. 他俩又因谁接送孩子的问题<u>计较</u>起来。
    A. 交流　　　　　B. 争论　　　　　C. 计算

七、用指定词语完成对话

1. A：在你们公司，年轻人都有发挥自己才能的机会吗？（各自）
    B：当然有。他们 _____

2. A：听说那部电影很感动人，很多人都掉了眼泪，是吗？（被……所……）
    B：是的。_____

3. A：我一分零钱也不给丈夫，以免他有了钱就请人吃饭。（有……吗?）
    B：你这样做太不应该了，_____

4. A：我每天回家后，妻子总是怪我不做家务，净看电视。（分担）
    B：男女是平等的，你应该 _____

5. A：我说汉语时，如果发音不准确，那么可能会怎么样？（闹）
    B：那么 _____

6. A：妈妈，你怎么总是给妹妹买衣服，不给我买呢？（争）
    B：她是妹妹，你是哥哥，_____

7. A：在这个问题上，你们都交换了各自的看法，结果怎么样？（统一）
    B：结果 _____

8. A：他常常在朋友面前说我是"妻管严"。（这不是……吗?）
    B：_____

9. A：我们家是 AA 制，买东西当然要一人一半算清楚。（必要）
    B：_____

10. A：在你们家，每个月的房屋贷款是谁付的？（由）
    B：_____

八、用指定词语完成句子

1. 我看，你还是执行领导的命令吧，_____。（反抗）
2. 你是个男人，别什么事都计较，_____。（嘲笑）
3. 虽然你得了严重的疾病，但是你应该_____。（斗争）
4. 大家遭到危险时，你只管自己逃，_____。（自私）
5. 你编的这个故事没有写最后怎么样了，_____。（完整）
6. 虽然领导让他干的净是小事，可是_____。（计较）
7. 不许献花给别的女人，这是我跟丈夫_____。（签订）
8. 你认为丈夫就应该掌握经济大权吗？_____。（观念）
9. 爸爸，你怎么不允许我跟你争论呢？_____。（民主）
10. 你是单位的领导，应该_____。（平等）

九、用指定词语写一段话

介绍你所知道的一种AA制，要求：

第一段：说明这种AA制的做法，并尽量使用以下词语：

  各自 被……所…… 签订 分担

第二段：说明这种AA制的优点，并尽量使用以下词语：

  平等 闹 争 嘲笑 统治 压迫 建立

第三段：说明这种AA制可能存在的问题，并尽量使用以下词语：

  自私 计较 成分 藏 统一 争吵 完整

第十五课　自己创造新生活

你知道吗？

1. 有些公司为什么会倒闭？
2. "招聘"和"应聘"是什么意思？

课文　Text

陈芳原来是一个工人，在县里的饮料厂工作。几年前，厂里有一批饮料细菌超标，许多人喝了以后拉肚子，于是报纸上报道了这件事。发生这次事件后，厂里的产品就卖不出去了。工人们没活儿干，也就不再遵守工厂的制度和纪律，有的索性不来上班，有的来上班也是混日子。最后，厂长不得不宣布工厂关门。

工厂一倒闭，陈芳也就失业了。老公是一家机械厂的工人，每个月的工资就几百块。一家人吃饭要钱，妈妈的心脏病要动手术，也得花钱。仅靠这些工资，怎么养家呢？另外，老公的脾气似乎也比以前大了，还常以命令的语气吩咐她干家务，惹得她很不开心。

一句话，一旦失去了工作，就意味着失去了一切。

　　陈芳觉得自己很可怜，可也毫无办法。她常常忍不住想哭，但是哭也没用，只能自己把眼泪咽下去。后来，她就连说话也有气无力了。她想，自己必须重新找到工作。于是，一看到有什么单位招聘，她就去应聘。可先后去了好几家单位，却没有一家愿意录用她。陈芳心里想："我既不笨又不傻，何必一定要等待别人来用我呢？"她决定调整想法，自己去闯一闯。说干就干，她向两个兄弟借了一些钱，干起了个体职业，专卖手工织的毛衣。

　　起初，她不太会做生意，也不能准确地判断市场需求，所以不但没赚回成本，反而还赔了不少钱。难归难，可还得干下去。于是，她虚心地向有经验的人学习，认真地总结经验教训，并不断地对市场加以研究。结果，她不仅还清了欠的钱，还跟一些个体户联合起来，各自投入一些钱，办了一家毛衣厂。经过大家的选举，她当上了总经理，率领大家一起奋斗。在工作中，她充分显示出了自己的才能，并受到了大家的尊敬。现在，这个厂每年的产量都挺高的。

　　陈芳在经济上独立后，家庭生活状况也彻底改变了。现在，她说话时的语气、语调也比以前有力了。她说："人生就像在海上航行的轮船，说不定会遇上大风大浪。不过，只要具有坚强的意志，就一定会有强大的力量战胜一切。"

第十五课 自己创造新生活

生 词   New words

1. 倒闭	（动）	dǎobì	这家公司的生意不好，倒闭了。
2. 招聘	（动）	zhāopìn	这个公司要招聘一些新职工。
3. 应聘	（动）	yìngpìn	那个公司在招聘，我想去应聘。
4. 县	（名）	xiàn	中国的每个省都有很多县。
5. 细菌	（名）	xìjūn	有些细菌会使人发生疾病。
6. 事件	（名）	shìjiàn	人类历史上有很多重大事件。
7. 制度	（名）	zhìdù	每个国家都有自己的制度。
8. 纪律	（名）	jìlǜ	学生应该遵守学校的纪律。
9. 混	（动）	hùn	你应该努力工作，不要混日子。
10. 宣布	（动）	xuānbù	考试前，老师宣布了考场纪律。
11. 机械	（名）	jīxiè	这种手表是机械表，不是电子表。
12. 心脏	（名）	xīnzàng	他的心脏不太好，有心脏病。
13. 手术	（名）	shǒushù	他的心脏病很严重，要动手术。
14. 养	（动）	yǎng	我养了一只可爱的小狗。
			丈夫要赚钱养家。
15. 语气	（名）	yǔqì	你不要用命令的语气跟我说话。
16. 惹	（动）	rě	她的穿着打扮很惹人注意。
			他嘲笑我，惹得我很生气。
			现在他的情绪不好，你别惹他。
17. 意味着	（动）	yìwèizhe	科学的发展意味着人类的进步。

18. 可怜	（形）	kělián	他既没工作也没钱，非常可怜。
	（动）		我虽然没钱，但不要别人可怜我。
19. 咽	（动）	yàn	我的嗓子很疼，饭也咽不下去。
20. 录用	（动）	lùyòng	我应聘后，那家公司录用了我。
21. 傻	（形）	shǎ	这个孩子不傻，挺聪明的。
			他相信赌博能赢钱，这太傻了！
22. 何必	（副）	hébì	去那儿很近，何必坐出租车呢？
23. 调整	（动）	tiáozhěng	最近我又忙又累，需要调整一下。
			调整～（时间/人员/方案）
24. 闯	（动）	chuǎng	你过马路时，不要闯红灯。
			我辞职后，想自己去闯一下。
25. 个体	（名）	gètǐ	这家商店的性质是属于个体的。
26. 手工	（名）	shǒugōng	这些用手工做的包都比较贵。
27. 织	（动）	zhī	她喜欢织毛衣。
28. 赔	（动）	péi	你摔坏了别人的东西，应该赔。
29. ……归……		guī	这些作业难归难，我还是要完成。
30. 欠	（动）	qiàn	你欠了别人的钱，就应该还。
31. 联合	（动）	liánhé	我跟他联合起来完成了这项任务。
32. 投入	（动）	tóurù	他们投入了一些钱，办起了公司。
	（形）		他在学习上很投入。
			投入～（时间/资金/精力）
33. 选举	（动）	xuǎnjǔ	我们要选举一个班长。
34. 率领	（动）	shuàilǐng	市长率领代表团出国访问去了。

第十五课　自己创造新生活

35. 奋斗	（动）	fèndòu	我要为实现自己的理想努力奋斗。
36. 尊敬	（动）	zūnjìng	学生要尊敬老师，老师也要尊重学生。
37. 独立	（动）	dúlì	你大学毕业后，就要独立生活了。
38. 彻底	（副）	chèdǐ	我们要彻底消灭不文明的现象。
39. 语调	（名）	yǔdiào	语调有高低、轻重、快慢等变化。
40. 航行	（动）	hángxíng	船在海上航行，飞机在空中航行。
41. 浪	（名）	làng	海上常常有风和浪。
42. 坚强	（形）	jiānqiáng	在困难面前，他表现得很坚强。
43. 意志	（名）	yìzhì	有坚强的意志，就能战胜困难。
44. 强大	（形）	qiángdà	那个国家在经济上很强大。

练习　　　　　Exercises

一、根据课文内容回答下列问题

1. 陈芳工作的工厂为什么会倒闭？
2. 陈芳失业后，家庭状况发生了什么转变？
3. 陈芳是怎么去找工作的？
4. 陈芳为什么决定干个体职业？
5. 刚开始做生意时，陈芳的生意怎么样？
6. 在遇到困难时，陈芳是怎么做的？
7. 经过努力奋斗后，陈芳怎么样了？
8. 陈芳认为应该怎样对待困难？

二、读句子

1. 有的工人不再遵守工厂的制度和纪律,有的来上班也是混日子。
2. 老公是一家机械厂的工人,每个月的工资就几百块。
3. 老公的脾气似乎也比以前大了,惹得她很不开心。
4. 一句话,一旦失去了工作,就意味着失去了一切。
5. 我既不笨又不傻,何必一定要等待别人来用我呢?
6. 说干就干,她向两个兄弟借了一些钱,干起了个体职业。
7. 起初,她不但没赚回成本,反而还赔了不少钱。难归难,可还得干下去。
8. 她跟一些个体户联合起来,各自投入一些钱,办了一家毛衣厂。
9. 陈芳在经济上独立后,家庭生活状况也彻底改变了。

三、选词填空

第一组:A. 制度 B. 事件 C. 奋斗 D. 意志 E. 脾气

1. 他是新闻记者,每天要报道国内外发生的重大(　　)。
2. 大家都表示,一定要艰苦(　　),争取为国家多做贡献。
3. 我们公司要建立新的管理(　　),不能让那些懒人再混日子了。
4. 自从失业后,他的情绪一直不太好,还常常发(　　)。
5. 我们要在同困难做斗争的过程中,锻炼我们的(　　)。

第二组:A. 宣布 B. 投入 C. 联合 D. 意味着 E. 调整

1. 她的脸上露出了警惕的神情,这(　　)她开始怀疑我了。
2. 为了完成这项艰巨的任务,我们要和他们(　　)起来干。
3. 明天,老师会来教室(　　)选举班长的结果。

第十五课　自己创造新生活

4. 我们商店根据市场的情况，适当地（　　）了一些商品的价格。

5. 他的业余爱好是摄影，在这方面，他（　　）了不少钱和时间。

第三组：A. 可怜　B. 率领　C. 彻底　D. 录用　E. 独立

1. 妻子不给他零钱，可他却不敢同妻子做斗争，真是太（　　）了！

2. 他做的无数次实验都没成功，最后他对自己（　　）失去了信心。

3. 开发新药是系统工程，单靠一个人（　　）完成是绝对不可能的。

4. 你只想去大公司工作（　　）的观念应该转变，去中小企业也许更能显示你的才能。

5. 交通部门的领导将（　　）考察团去考察国外的交通情况。

四、辨析括号里的词，选择合适的词填空

1. 电视台报道了这起打人（　　）。（事件/事故）

2. 你要用客气的（　　）请求他，否则他不会理你的。（语气/语调）

3. 这两家公司准备（　　）起来对付竞争者。（联合/结合）

4. 父母应该（　　）孩子自己的选择。（尊敬/尊重）

5. 根据我的判断，他（　　）没有理解你说的意思。（彻底/完全）

五、判断指定的词语应该放在哪个位置

1. 这不是什么秘密，你 A 要 B 瞒着她 C 呢？（何必）

2. 他说 A 要从政府机关辞职，B 这就 C 要放弃稳定的工作。（意味着）

3. 这些都是 A 传统观念，要 B 转变这些观念 C 是很难的。（彻底）

4. 他 A 喜欢写小说，可十年来 B 发表的小说 C 三篇。（就）

5. 我还没算过 A 欠你多少钱，明天我算 B 后会还给 C 你的。（清）

六、选择最接近画线词语意思的一种解释

1. 这些只是日常生活中的小事，你们夫妻间何必要发生争吵呢？
   A. 事情　　　　　　B. 事故　　　　　　C. 事件

2. 我撞坏了他的车，但赔的钱就两百多块，不算多。
   A. 单　　　　　　　B. 仅　　　　　　　C. 是

3. 他做生意不但赔了钱，还欠了别人的钱。一句话，他不是做生意的人。
   A. 一句说的话　　　B. 一个句子　　　　C. 总而言之

4. 我们存的钱够买一套房子了，何必去银行贷款呢？
   A. 必须　　　　　　B. 不必　　　　　　C. 必要

5. 现在，这种疾病早已被彻底消灭了。
   A. 所有　　　　　　B. 一切　　　　　　C. 完全

七、用指定词语完成对话

1. A：我认为，你没有合理地分配好每天的时间。（调整）
   B：的确是这样。_____

2. A：公司领导制定出新的管理制度了吗？（宣布）
   B：是的。_____

3. A：听说他的孩子不好好学习，每天就是混日子，是吗？（惹）
   B：可不是吗？所以_____

4. A：夫妻间发生矛盾时，应该站在对方的立场上考虑问题。（一句话）
   B：你说得对。_____

5. A：听说自驾游很有乐趣，咱们什么时候也去一次呢？（说A就A）
   B：_____

6. A：最近，你的工作压力很大，是吗？（A归A）
   B：压力确实很大。但是_____

第十五课　自己创造新生活

7. A：听说你的业余爱好是摄影，这可得花不少钱和时间啊！（投入）

　　B：是的。在这方面，_____

8. A：我把自己藏私房钱的事告诉老婆后，她气得不得了。（傻）

　　B：你怎么能告诉她呢？_____

9. A：你买房子的贷款都还清了吗？（欠）

　　B：还没呢，至今_____

10. A：我老婆总是买些不实用的奢侈品回来，我能不管吗？（何必）

　　B：既然她有钱，就让她买吧，_____

八、用指定词语完成句子

1. 王大夫是个很温和的人，跟病人说话时_____。（语气）
2. 现在人民的生活水平提高了，这_____。（意味着）
3. 现在工农业生产的比例不太合理，_____。（调整）
4. 虽然你的病很严重，但是你应该_____。（坚强）
5. 你既然知道这样做是错误的，那么就_____。（彻底）
6. 在_____支持下，他决定把这个快倒闭的店办下去。（有力）
7. 你考试时偷看别人写的，_____。（纪律）
8. 我们队跟他们队比赛时输了，是因为_____。（强大）
9. 他没有钱是因为去赌博输光了，_____。（可怜）
10. 他去应聘的公司都不录用他，是因为_____。（毫无）

九、用指定词语写一段话

介绍一个人失业后奋斗的事，要求：

第一段：说明这个人为什么会失业，并尽量使用以下词语：

　　　　事件　　制度　　宣布　　倒闭

143

第二段：说明这个人失业后的情况，并尽量使用以下词语：
　　　　意味着　养　招聘　应聘　录用　可怜　一句话
第三段：说明这个人是怎样奋斗的，并尽量使用以下词语：
　　　　何必　调整　闯　说A就A　A归A　投入
第四段：说明你对这个人奋斗经历的感想，并尽量使用以下词语：
　　　　坚强　意志　强大　奋斗　彻底

第十六课　节能减排的环保生活

1. 什么叫"碳排放"?
2. 在生活中,怎样做到节能低碳?

据科学家研究,如今全球气候之所以会变暖,是与自然环境被破坏密切相关的。这不仅引起了不少自然灾害,而且也使人类的生存环境变得更糟糕了。为了维护好环境,保护好地球,"节约能源"、"减少碳排放",已成为当前人们提倡的一种生活方式。

李校长每天下班时,总得细心地检查电灯、电脑、水龙头,看看开关是否都关掉了,或者电器的插头是否都拔掉了。他检查得非常仔细,一个都不会漏。上个月,在学校的礼堂里,他召开了一次全体教师大会,围绕节电、节水等问题做了一个报告。他号召大家,一定要发扬和巩固节约的传统,要像节约粮食一样节约水电。同时,他还希望老师们多用电子邮件、MSN等通讯工具，少用复印机、印刷机、传真机，以做到节能减排。这些号召和希望，都得到了大家的响应。

王女士是艺术学校美术系的教师，她家里的家用电器都是节能型的，甚至马桶也是环保型的，分大水和小水两种排放量。她平时也不喝瓶装的果汁，而是买新鲜的水果。因为果汁的生产、货物的运输，都或多或少会消耗能源，造成碳排放。她说："我上班的路比较远，但我每天都是骑车去的。这虽然比较累，但累就累点儿吧。我宁肯累，也不买汽车，因为汽车造成的污染太严重了。"

在日常生活和工作中，节电、节水可以做到低碳环保，穿衣也同样可以做到这一点。拿陈小刚来说，他就从来不买化学纤维的衣服，而是买棉的衣服。因为用棉生产的衣服比较环保，不仅消耗的能源和产生的污染较少，而且穿起来也更舒适、更安全。

他们都是我们学习的榜样，其做法不但值得推广，而且也给了我们很大的启发：在生活的各个方面，都是能做到节能低碳的。而且，要做到这一点的方法也是无限的。目前，中央政府正在制定各种节能减排的政策。如果大家都能从现在做起，纠正不利于环保的习惯，那么就必定能保护好我们的地球。

生词 New words

1. 碳　　　（名）　tàn　　　碳是一种非金属物质。
2. 排放　　（动）　páifàng　洗衣机里的水排放到哪里去？

第十六课 节能减排的环保生活

3. 灾害	（名）	zāihài	自然灾害会给人们带来灾难。
4. 能源	（名）	néngyuán	我们要节约能源。
5. 提倡	（动）	tíchàng	我们要提倡节约，不要浪费。
6. 总得	（副）	zǒngděi	要掌握好汉语，总得努力学习。
7. 细心	（形）	xìxīn	你做事要细心，不要粗心。
8. 水龙头	（名）	shuǐlóngtóu	厨房和浴室里都有水龙头。
9. 开关	（名）	kāiguān	这是电灯开关，可以开关电灯。
10. 电器	（名）	diànqì	电视机、电冰箱都是家用电器。
11. 插头	（名）	chātóu	这些家用电器都有插头。
12. 拔	（动）	bá	他出门时，把电脑的插头拔了。
13. 漏	（动）	lòu	在那个句子里，漏了一个字。 这个水龙头漏水，要修一下。
14. 礼堂	（名）	lǐtáng	我们在学校的礼堂里看电影。
15. 召开	（动）	zhàokāi	今天，校长要召开一次会议。
16. 全体	（名）	quántǐ	校长要召开全体师生大会。
17. 围绕	（动）	wéirào	大家围绕节约的问题讨论起来。 地球是围绕太阳转的。
18. 号召	（动）	hàozhào	政府号召市民要节约。
19. 发扬	（动）	fāyáng	我们要发扬节约的传统。 发扬～（优点/民主/精神）
20. 巩固	（动）	gǒnggù	学过的词语要在练习中巩固。
21. 粮食	（名）	liángshi	大米和面粉都是粮食。

22.	通讯	（动）	tōngxùn	现在的通讯技术很发达。
23.	复印机	（名）	fùyìnjī	复印机可以复印文件。
24.	传真机	（名）	chuánzhēnjī	传真机可以传真文件。
25.	响应	（动）	xiǎngyìng	我们要响应这个号召。
26.	美术	（名）	měishù	那个美术老师有很多美术作品。
27.	马桶	（名）	mǎtǒng	这个卫生间的马桶是环保型的。
28.	货物	（名）	huòwù	这堆货物还没有销售出去。
29.	运输	（动）	yùnshū	运输货物的汽车叫"卡车"。
30.	或多或少		huò duō huò shǎo	她每年或多或少要买些衣服。
31.	消耗	（动）	xiāohào	开汽车和飞机，都会消耗能源。
				*消耗～（时间/体力/精力）
32.	造成	（动）	zàochéng	大的自然灾害会造成灾难。
33.	宁肯……也		nìngkěn……yě	我宁肯不睡觉，也要完成作业。
34.	化学	（名）	huàxué	这种药里有很多化学成分。
35.	纤维	（名）	xiānwéi	你不要买化学纤维的衣服。
36.	榜样	（名）	bǎngyàng	他很努力，是我们学习的榜样。
37.	推广	（动）	tuīguǎng	这种节约的做法应该推广。
38.	启发	（动）	qǐfā	老师总是启发学生思考问题。
39.	无限	（形）	wúxiàn	生命是有限的，不是无限的。
40.	中央	（名）	zhōngyāng	中央政府号召大家要节约。
				这个地方有一个中央公园。
41.	政策	（名）	zhèngcè	我们要执行政府制定的政策。

第十六课　节能减排的环保生活

42. 纠正　　（动）　　jiūzhèng　　老师正在纠正学生的发音错误。
43. 必定　　（副）　　bìdìng　　　只要坚持下去，就必定会成功。

练习　Exercises

一、根据课文内容回答下列问题

1. 为什么要提倡"节能减排"？
2. 李校长下班时总得做什么？
3. 李校长在会议上的号召和希望是什么？
4. 王女士家中的电器有什么特点？
5. 王女士为什么不喝瓶装果汁，也不买车？
6. 陈小刚为什么只买棉的衣服？
7. 李校长、王女士和陈小刚的做法给我们的启发是什么？
8. 目前，中央政府正在制定什么政策？

二、读句子

1. "节约能源"、"减少碳排放"，已成为当前人们提倡的一种生活方式。
2. 李校长每天下班时，总得细心地检查电器开关是否都关掉了。
3. 他围绕节电、节水等问题做了一个报告。
4. 他号召大家，一定要发扬和巩固节约的传统。
5. 这些号召和希望，都得到了大家的响应。
6. 果汁的生产、货物的运输，都或多或少会消耗能源，造成碳排放。

7. 她每天都骑车去上班，虽然路很远，但她宁肯累，也不买汽车。

8. 他们的做法不但值得推广，而且也给了我们很大的启发。

9. 目前，中央政府正在制定各种节能减排的政策。

三、选词填空

第一组：A. 召开　B. 号召　C. 启发　D. 响应　E. 推广

1. 这种新技术有利于汽车的节能减排，很值得（　）出去。
2. 他藏私房钱的做法也（　）了别的"妻管严"丈夫。
3. 在公司（　）的会议上，总经理宣布了各部门负责人的名单。
4. 他（　）受妻子"压迫"的丈夫，一定要敢同妻子做斗争。
5. 李芳希望几家公司能联合起来制造这种机器，可是没人（　）。

第二组：A. 围绕　B. 消耗　C. 纠正　D. 运输　E. 巩固

1. 这两个国家的外交关系已经建立起来了，但是还需要不断（　）。
2. 这批货物来自广东，所以销售的价格中还包括（　）的成本。
3. 这种汽车采用节能技术后，（　）的汽油大大减少了。
4. 明天，我们将（　）利益与道德的问题展开一次讨论。
5. 他滑冰时的动作不对，你去帮他（　）一下吧。

第三组：A. 发扬　B. 无限　C. 排放　D. 造成　E. 提倡

1. 团结奋斗是我们公司的优良传统，一定要（　）下去。
2. 汽车（　）出来的尾气对人体是有害的。
3. 缺乏理论知识和实践经验，是（　）他实验失败的原因。
4. 从20世纪50年代开始，中国就（　）说普通话了。
5. 知识是（　）的，我们要抓紧时间学习，尽量获得更多的知识。

第十六课　节能减排的环保生活

四、辨析括号里的词，选择合适的词填空

1. 到旅游淡季，宾馆的住宿费（　　）要比旺季便宜。（必定/一定）
2. 他们所（　　）的是不穿睡衣出门，人们会响应吗？（提倡/发扬）
3. 那个营业员既不理我，也不（　　）我的问题。（响应/回答）
4. 那条路上都是冰，给人们走路（　　）了很大的困难。（造成/产生）
5. 王经理已经（　　）了常常发脾气的缺点。（纠正/改正）

五、判断指定的词语应该放在哪个位置

1. 做生意 A 要想方设法 B 赚钱，谁想 C 做赔本的生意呢？（总得）
2. 如果 A 都爱计较的话，夫妻之间 B 会发生 C 矛盾的。（或多或少）
3. 我 A 自己辛苦，也不能 B 让家庭 C 产生经济危机。（宁肯）
4. 如果你没有 A 坚强的意志 B 做下去，那么 C 会半途而废的。（必定）
5. 他这么 A 自私确实不像话，但你不 B 为这件事 C 生气。（值得）

六、选择最接近画线词语意思的一种解释

1. 在那个时期，世界上<u>产生</u>了很多优秀的文学艺术作品。
   A. 造成　　　　B. 出现　　　　C. 发生
2. 适当的锻炼<u>一定</u>对身体健康有好处。
   A. 必定　　　　B. 必须　　　　C. 必要
3. 他提出的这种做法是脱离实际的，所以没有人<u>响应</u>他。
   A. 理解　　　　B. 回答　　　　C. 支持
4. 无论怎么样，你失业了也<u>总得</u>有吃饭的钱，再重新找一份工作吧。
   A. 必须　　　　B. 必定　　　　C. 肯定
5. 这台旧空调太<u>消耗</u>能源了，索性换一台新的节能空调吧。
   A. 消失　　　　B. 浪费　　　　C. 消灭

七、用指定词语完成对话

1. A：听说你当了总经理后，在家庭中的地位也提高了一些。（巩固）
   B：是的。我还要＿＿＿＿＿＿＿＿＿＿＿＿＿＿＿＿＿＿＿＿

2. A：你刚跑完一万米，现在觉得体力怎么样？（消耗）
   B：我觉得＿＿＿＿＿＿＿＿＿＿＿＿＿＿＿＿＿＿＿＿＿＿

3. A：一旦你跟妻子离婚的话，她要分你一半的财产吧？（宁肯……，也……）
   B：分就分吧，我＿＿＿＿＿＿＿＿＿＿＿＿＿＿＿＿＿＿＿

4. A：那个地方的冬天很寒冷，你去那儿前得买些衣服吧？（总得）
   B：是的。＿＿＿＿＿＿＿＿＿＿＿＿＿＿＿＿＿＿＿＿＿＿

5. A：每天都开车上下班的话，造成的碳排放太厉害了！（号召）
   B：是啊！所以市政府＿＿＿＿＿＿＿＿＿＿＿＿＿＿＿＿＿

6. A：她是个体户，但她通过奋斗为自己创造了新生活。（启发）
   B：这件事＿＿＿＿＿＿＿＿＿＿＿＿＿＿＿＿＿＿＿＿＿＿

7. A：有些人结婚时就决定家庭财政AA制，你认为怎么样？（提倡）
   B：我认为，＿＿＿＿＿＿＿＿＿＿＿＿＿＿＿＿＿＿＿＿＿

8. A：听说，他昨天提出要重新选举总经理，是吗？（响应）
   B：是这样的。＿＿＿＿＿＿＿＿＿＿＿＿＿＿＿＿＿＿＿＿

9. A：在昨天的讲座上，王老师总结的这些教学经验很有用。（推广）
   B：确实很有用，＿＿＿＿＿＿＿＿＿＿＿＿＿＿＿＿＿＿＿

10. A：你们公司能为个人的发展提供空间吗？（无限）
    B：当然。＿＿＿＿＿＿＿＿＿＿＿＿＿＿＿＿＿＿＿＿＿＿

八、用指定词语完成句子

1. 这种互相帮助的精神是很好的，＿＿＿＿＿＿＿＿＿＿＿。（发扬）
2. 你跟他签订"条约"时，应该＿＿＿＿＿＿＿＿＿＿＿。（细心）

第十六课　节能减排的环保生活

3. 对于那个地方是不是适宜盖房子,大家 _____。（围绕）
4. 你们出发前要点一下人数,_____。（漏）
5. 他是一家大超市的司机,每天 _____。（运输）
6. 你们家能发扬民主,这是很好的,_____。（巩固）
7. 如果出门时没关掉水龙头,那么必定 _____。（造成）
8. 我们要贯彻和执行 _____。（政策）
9. 掌握经济大权的妻子,每个月应该 _____。（或多或少）
10. 他唱英文歌时,有些音不够准,_____。（纠正）

九、用指定词语写一段话

介绍节能减排方面的情况,要求:

第一段:说明为什么要节能减排,并尽量使用以下词语:
　　　　造成　　灾害　　消耗　　排放　　能源

第二段:说明几种节能减排的方法,并尽量使用以下词语:
　　　　开关　　拔　　漏　　环保型　　宁肯……,也……

第三段:说明你的希望,并尽量使用以下词语:
　　　　号召　　提倡　　发扬　　巩固　　响应　　推广　　政策

生词总表

本词汇表以音序排列，每个词汇后面的数字表示第一次出现的课次。

A

| 爱护 | àihù | 4 |
| 安装 | ānzhuāng | 6 |

B

拔	bá	16
半途而废	bàn tú ér fèi	6
榜样	bǎngyàng	16
保持	bǎochí	7
保证	bǎozhèng	2
报告	bàogào	7
背后	bèihòu	8
被……所……	bèi……suǒ……	14
本领	běnlǐng	10
比不上	bǐ bu shàng	5
比例	bǐlì	4
必定	bìdìng	16
毕竟	bìjìng	8
避开	bìkāi	8
编	biān	10
便于	biànyú	1
表达	biǎodá	7
表面	biǎomiàn	4
表明	biǎomíng	3
表现	biǎoxiàn	5
脖子	bózi	8
不必	búbì	4
不慌不忙	bù huāng bù máng	5
不见得	bújiàndé	11
不禁	bùjīn	13
不免	bùmiǎn	12
不像话	bú xiànghuà	11
不幸	búxìng	5
不由得	bùyóude	13
不住	búzhù	3

C

财产	cáichǎn	14
财政	cáizhèng	14
采用	cǎiyòng	4
踩	cǎi	10
惭愧	cánkuì	10
藏	cáng	14
草原	cǎoyuán	2
插头	chātóu	16
差距	chājù	5
场所	chǎngsuǒ	11
嘲笑	cháoxiào	14
彻底	chèdǐ	15
沉默	chénmò	7
成本	chéngběn	2
成分	chéngfèn	14

成就	chéngjiù	12		跌	diē	10
成为	chéngwéi	2		盯	dīng	8
出席	chūxí	7		动员	dòngyuán	3
除非	chúfēi	7		洞	dòng	14
穿着	chuānzhuó	11		斗争	dòuzhēng	14
传播	chuánbō	11		独立	dúlì	15
传真机	chuánzhēnjī	16		赌博	dǔbó	5
闯	chuǎng	15		断	duàn	10
创造	chuàngzào	6		堆	duī	8
辞职	cí zhí	12		对待	duìdài	5
匆忙	cōngmáng	2		对付	duìfu	2
从而	cóng'ér	7		对门	duìmén	13
从事	cóngshì	5		多心	duōxīn	13
	D			躲	duǒ	10
贷款	dài kuǎn	14			**F**	
待	dài	9		发表	fābiǎo	11
担任	dānrèn	5		发动	fādòng	7
单	dān	4		发挥	fāhuī	12
耽误	dānwù	7		发明	fāmíng	6
淡季	dànjì	9		发扬	fāyáng	16
当前	dāngqián	4		法律	fǎlǜ	11
倒闭	dǎobì	15		凡是	fánshì	12
道德	dàodé	7		繁荣	fánróng	5
得体	détǐ	11		反对	fǎnduì	11
蹬	dēng	10		反而	fǎn'ér	5
等待	děngdài	7		反抗	fǎnkàng	14
电器	diànqì	16		反正	fǎnzhèng	8
电台	diàntái	13		方案	fāng'àn	1

妨碍	fáng'ài	8
费	fèi	2
分担	fēndān	14
分配	fēnpèi	9
吩咐	fēnfù	12
纷纷	fēnfēn	7
奋斗	fèndòu	15
愤怒	fènnù	7
逢	féng	2
缝	féng	14
否定	fǒudìng	7
服从	fúcóng	11
符合	fúhé	11
复印机	fùyìnjī	16

G

改造	gǎizào	1
改正	gǎizhèng	13
盖	gài	3
概括	gàikuò	9
概念	gàiniàn	9
干活儿	gàn huór	5
尴尬	gāngà	13
感想	gǎnxiǎng	8
港口	gǎngkǒu	6
高度	gāodù	7
胳膊	gēbo	10
搁	gē	8
隔	gé	11
个别	gèbié	4
个体	gètǐ	15
各自	gèzì	14
根据	gēnjù	5
工夫	gōngfu	2
工具	gōngjù	7
公费	gōngfèi	9
巩固	gǒnggù	16
贡献	gòngxiàn	12
构成	gòuchéng	12
构造	gòuzào	6
够	gòu	4
怪	guài	8
关键	guānjiàn	4
观念	guānniàn	14
管	guǎn	4
贯彻	guànchè	9
罐子	guànzi	6
光明	guāngmíng	6
光线	guāngxiàn	6
广大	guǎngdà	1
广泛	guǎngfàn	11
广阔	guǎngkuò	2
……归……	guī	15
规定	guīdìng	1
规律	guīlǜ	9

H

哈	hā	10

害处	hàichu	5	机械	jīxiè	15
害怕	hàipà	6	积累	jīlěi	12
航行	hángxíng	15	基础	jīchǔ	10
号召	hàozhào	16	极	jí	3
合算	hésuàn	2	极其	jíqí	8
何必	hébì	15	疾病	jíbìng	4
黑暗	hēi'àn	7	计较	jìjiào	14
恨	hèn	7	计算	jìsuàn	4
厚	hòu	10	记忆	jìyì	6
壶	hú	3	纪律	jìlǜ	15
花费	huāfèi	2	技术	jìshù	2
滑	huá	10	加以	jiāyǐ	6
化学	huàxué	16	价值	jiàzhí	9
怀疑	huáiyí	12	驾驶	jiàshǐ	2
慌	huāng	10	假装	jiǎzhuāng	8
灰	huī	6	嫁	jià	13
灰心	huīxīn	12	尖	jiān	6
挥	huī	8	坚决	jiānjué	4
会见	huìjiàn	12	坚强	jiānqiáng	15
婚姻	hūnyīn	13	肩	jiān	7
混	hùn	15	艰巨	jiānjù	10
伙食	huǒshí	9	艰苦	jiānkǔ	6
或多或少	huò duō huò shǎo	16	拣	jiǎn	10
货	huò	9	简直	jiǎnzhí	7
货物	huòwù	16	将	jiāng	1
获得	huòdé	5	讲座	jiǎngzuò	9

J

机关	jīguān	12	降	jiàng	1
			交换	jiāohuàn	7

交际	jiāojì	13	开设	kāishè	1
骄傲	jiāo'ào	12	开展	kāizhǎn	1
教训	jiàoxùn	7	看不起	kànbuqǐ	12
接二连三	jiē èr lián sān	3	考察	kǎochá	2
接见	jiējiàn	12	颗	kē	6
接着	jiēzhe	3	可怜	kělián	15
节约	jiéyuē	9	可怕	kěpà	4
节奏	jiézòu	5	客观	kèguān	11
结构	jiégòu	1	空间	kōngjiān	6
结合	jiéhé	9	空前	kōngqián	5
金属	jīnshǔ	14	空中	kōngzhōng	3
进修	jìnxiū	13	孔	kǒng	10
惊讶	jīngyà	8	控制	kòngzhì	4
精打细算	jīng dǎ xì suàn	9	口袋	kǒudài	7
警惕	jǐngtì	13	口号	kǒuhào	4
净	jìng	12	跨	kuà	6
竞赛	jìngsài	10	宽	kuān	6
竟然	jìngrán	3	款	kuǎn	8
敬	jìng	3	捆	kǔn	4
纠正	jiūzhèng	16	**L**		
居住	jūzhù	11	来自	láizì	1
举办	jǔbàn	11	癞蛤蟆	làiháma	3
具有	jùyǒu	2	懒	lǎn	11
觉悟	juéwù	11	浪	làng	15
K			老实	lǎoshi	3
开辟	kāipì	3	乐观	lèguān	6
开发	kāifā	1	乐趣	lèqù	2
开关	kāiguān	16	乐意	lèyì	1

礼堂	lǐtáng	16		密切	mìqiè	5
理	lǐ	13		勉强	miǎnqiǎng	7
理解	lǐjiě	8		面貌	miànmào	11
理论	lǐlùn	12		面前	miànqián	3
立场	lìchǎng	8		苗条	miáotiao	4
利益	lìyì	7		描写	miáoxiě	11
连续	liánxù	4		妙	miào	10
联合	liánhé	15		民间	mínjiān	1
良好	liánghǎo	2		民主	mínzhǔ	14
粮食	liángshi	16		明确	míngquè	4
灵活	línghuó	2		命令	mìnglìng	11
零钱	língqián	14		命运	mìngyùn	5
领	lǐng	3		磨	mò	6
领导	lǐngdǎo	12		莫名其妙	mò míng qí miào	3
溜	liū	10		某	mǒu	4
流	liú	10		亩	mǔ	1
漏	lòu	16		目前	mùqián	1
录用	lùyòng	15		**N**		
露	lù	8		拿……来说	ná……láishuō	5
M				耐用	nàiyòng	8
马桶	mǎtǒng	16		难道	nándào	13
码头	mǎtóu	6		难免	nánmiǎn	9
迈	mài	4		闹	nào	14
瞒	mán	4		内部	nèibù	13
盲目	mángmù	9		嫩	nèn	10
矛盾	máodùn	8		能干	nénggàn	12
煤气	méiqì	14		能源	néngyuán	16
美术	měishù	16		年代	niándài	6

宁肯……也	nìngkěn……yě	16		**Q**	
扭	niǔ	8	期望	qīwàng	12
	P		欺骗	qīpiàn	3
排放	páifàng	16	其	qí	9
判断	pànduàn	13	企图	qǐtú	8
赔	péi	15	气管炎	qìguǎnyán	14
佩服	pèifu	3	气象	qìxiàng	2
盆	pén	3	启发	qǐfā	16
捧	pěng	6	汽油	qìyóu	2
碰	pèng	3	恰好	qiàhǎo	8
批评	pīpíng	4	千万	qiānwàn	9
批准	pīzhǔn	1	签订	qiāndìng	14
披	pī	8	前后	qiánhòu	8
皮肤	pífū	10	前进	qiánjìn	2
疲倦	píjuàn	2	前所未有	qián suǒ wèi yǒu	1
片面	piànmiàn	9	前途	qiántú	6
偏偏	piānpiān	10	欠	qiàn	15
飘	piāo	6	强大	qiángdà	15
品种	pǐnzhǒng	3	强调	qiángdiào	11
平安	píng'ān	2	抢	qiǎng	8
平等	píngděng	14	悄悄	qiāoqiāo	4
平行	píngxíng	10	桥梁	qiáoliáng	10
迫切	pòqiè	4	巧妙	qiǎomiào	10
破坏	pòhuài	13	青蛙	qīngwā	3
扑	pū	6	情绪	qíngxù	13
铺	pū	2	请求	qǐngqiú	7
朴素	pǔsù	5	圈	quān	5
普遍	pǔbiàn	11	全体	quántǐ	16

R

绕	rào	5
惹	rě	15
人才	réncái	12
人工	réngōng	1
忍不住	rěnbuzhù	8
认得	rènde	13
仍旧	réngjiù	5
日程	rìchéng	2
日记	rìjì	13
弱	ruò	4

S

撒	sǎ	10
嗓子	sǎngzi	8
沙漠	shāmò	2
傻	shǎ	15
山区	shānqū	2
上当	shàng dàng	3
奢侈	shēchǐ	11
设计	shèjì	1
摄影	shèyǐng	14
伸	shēn	8
身材	shēncái	4
深入	shēnrù	1
神经	shénjīng	13
神情	shénqíng	8
升	shēng	12
生动	shēngdòng	10
生命	shēngmìng	4
生物	shēngwù	3
生意	shēngyi	3
生长	shēngzhǎng	3
施工	shī gōng	1
实际	shíjì	9
实践	shíjiàn	9
实事求是	shí shì qiú shì	6
实验	shíyàn	12
实用	shíyòng	8
始终	shǐzhōng	5
世纪	shìjì	2
事件	shìjiàn	15
事业	shìyè	1
试验	shìyàn	6
适当	shìdàng	4
适宜	shìyí	11
适用	shìyòng	9
收入	shōurù	2
手段	shǒuduàn	5
手工	shǒugōng	15
手术	shǒushù	15
率领	shuàilǐng	15
舒适	shūshì	11
树林	shùlín	3
摔	shuāi	10
甩	shuǎi	10
霜	shuāng	10

水龙头	shuǐlóngtóu	16	偷偷	tōutōu	13
属于	shǔyú	2	投入	tóurù	15
司机	sījī	2	投诉	tóusù	7
私人	sīrén	2	突出	tūchū	11
送行	sòngxíng	8	团结	tuánjié	13
所（+V）	suǒ	12	推动	tuīdòng	5
索性	suǒxìng	11	推广	tuīguǎng	16
			脱离	tuōlí	9

T

W

踏实	tāshi	12	挖	wā	10
踏	tà	3	歪	wāi	10
碳	tàn	16	弯	wān	8
提倡	tíchàng	16	完整	wánzhěng	14
体积	tǐjī	8	万一	wànyī	2
天真	tiānzhēn	10	往往	wǎngwǎng	12
条约	tiáoyuē	14	旺季	wàngjì	9
调整	tiáozhěng	15	望而却步	wàng'ér què bù	1
跳槽	tiào cáo	12	危害	wēihài	4
铁	tiě	8	危机	wēijī	13
停止	tíngzhǐ	4	为	wéi	5
通	tōng	10	违反	wéifǎn	7
通常	tōngcháng	11	围	wéi	3
通讯	tōngxùn	16	围绕	wéirào	16
同事	tóngshì	9	唯一	wéiyī	7
统计	tǒngjì	5	维护	wéihù	7
统一	tǒngyī	14	未来	wèilái	6
统治	tǒngzhì	14	温和	wēnhé	5
痛快	tòngkuai	2	文明	wénmíng	11
偷	tōu	13			

162

文学	wénxué	14	相反	xiāngfǎn	9
稳	wěn	10	相似	xiāngsì	6
稳定	wěndìng	12	响	xiǎng	13
问候	wènhòu	14	响应	xiǎngyìng	16
无数	wúshù	12	想方设法	xiǎng fāng shè fǎ	4
无限	wúxiàn	16	想念	xiǎngniàn	13
物价	wùjià	1	消费	xiāofèi	6
物质	wùzhì	5	消耗	xiāohào	16
误会	wùhuì	13	消灭	xiāomiè	7
X			消失	xiāoshī	7
牺牲	xīshēng	4	小说	xiǎoshuō	13
系统	xìtǒng	12	晓得	xiǎode	3
细菌	xìjūn	15	斜	xié	8
细心	xìxīn	16	血	xiě	10
纤维	xiānwéi	16	心得	xīndé	7
掀	xiān	3	心脏	xīnzàng	15
闲	xián	6	薪水	xīnshuǐ	9
嫌	xián	4	信封	xìnfēng	14
显而易见	xiǎn ér yì jiàn	5	形式	xíngshì	2
显示	xiǎnshì	11	形势	xíngshì	1
显著	xiǎnzhù	4	形象	xíngxiàng	11
县	xiàn	15	形状	xíngzhuàng	3
现实	xiànshí	6	幸亏	xìngkuī	13
限制	xiànzhì	1	性质	xìngzhì	12
线	xiàn	14	修改	xiūgǎi	13
献	xiàn	13	虚心	xūxīn	13
乡下	xiāngxià	3	宣布	xuānbù	15
相当	xiāngdāng	1	选举	xuǎnjǔ	15

学术	xuéshù	12	异常	yìcháng	3
学问	xuéwèn	9	意识	yìshi	2
寻找	xúnzhǎo	4	意味着	yìwèizhe	15
训练	xùnliàn	10	意志	yìzhì	15
迅速	xùnsù	4	因素	yīnsù	5

Y

			印	yìn	11
压	yā	10	应聘	yìngpìn	15
压力	yālì	12	应用	yìngyòng	12
压迫	yāpò	14	影子	yǐngzi	7
牙膏	yágāo	14	拥护	yōnghù	11
牙刷	yáshuā	14	勇敢	yǒnggǎn	10
咽	yàn	15	勇气	yǒngqì	3
延长	yáncháng	6	用处	yòngchu	9
眼前	yǎnqián	6	用功	yònggōng	12
仰	yǎng	13	用力	yòng lì	8
养	yǎng	15	优点	yōudiǎn	2
要紧	yàojǐn	6	优惠	yōuhuì	9
业余	yèyú	14	优良	yōuliáng	8
一旦	yídàn	13	由此可见	yóu cǐ kě jiàn	2
一道	yídào	3	有效	yǒuxiào	4
一块儿	yíkuàir	1	与此同时	yǔ cǐ tóngshí	1
一眼	yì yǎn	5	语调	yǔdiào	15
一再	yízài	7	语气	yǔqì	15
依靠	yīkào	4	玉器	yùqì	9
移	yí	8	原谅	yuánliàng	7
以	yǐ	5	原则	yuánzé	4
以免	yǐmiǎn	13	圆	yuán	6
以上	yǐshàng	1	院子	yuànzi	13

运输	yùnshū	16		争论	zhēnglùn	7
Z				争取	zhēngqǔ	12
灾害	zāihài	16		整	zhěng	5
灾难	zāinàn	13		正式	zhèngshì	11
再三	zàisān	5		政策	zhèngcè	16
在乎	zàihu	4		政府	zhèngfǔ	1
遭受	zāoshòu	13		之所以……	zhī suǒyǐ……,	12
遭遇	zāoyù	2		是因为……	shì yīnwèi……	
造成	zàochéng	16		支持	zhīchí	6
曾经	céngjīng	1		支出	zhīchū	9
增长	zēngzhǎng	1		织	zhī	15
增添	zēngtiān	2		执行	zhíxíng	11
窄	zhǎi	6		职工	zhígōng	9
展出	zhǎnchū	1		植物	zhíwù	3
展开	zhǎnkāi	7		指出	zhǐchū	11
展览	zhǎnlǎn	1		指导	zhǐdǎo	6
占	zhàn	1		指示	zhǐshì	12
战胜	zhànshèng	10		至	zhì	11
战争	zhànzhēng	14		制订	zhìdìng	1
涨	zhǎng	9		制定	zhìdìng	11
掌握	zhǎngwò	9		制度	zhìdù	15
招聘	zhāopìn	15		制造	zhìzào	6
召开	zhàokāi	16		中央	zhōngyāng	16
针对	zhēnduì	1		重大	zhòngdà	1
真实	zhēnshí	3		珠宝	zhūbǎo	9
真相	zhēnxiàng	3		竹子	zhúzi	14
争	zhēng	14		逐步	zhúbù	2
争吵	zhēngchǎo	14		主观	zhǔguān	11

嘱咐	zhǔfù	10	自我	zìwǒ	12
抓紧	zhuājǐn	1	综合	zōnghé	9
专家	zhuānjiā	6	总得	zǒngděi	16
转变	zhuǎnbiàn	8	总而言之	zǒng ér yán zhī	9
状况	zhuàngkuàng	2	总结	zǒngjié	9
撞	zhuàng	10	钻	zuān	14
追求	zhuīqiú	5	钻研	zuānyán	12
准	zhǔn	3	尊敬	zūnjìng	15
准确	zhǔnquè	9	尊重	zūnzhòng	13
自费	zìfèi	9	遵守	zūnshǒu	7
自觉	zìjué	7	作品	zuòpǐn	14
自私	zìsī	14			